Stefan Schäfer

Unterrichtssequenzen Abiturlektüre

14 komplett ausgearbeitete Unterrichtseinheiten

ohann Wolfgang von Goethe:

phigenie auf Tauris

Auer Verlag

Die Internetadressen, die in diesem Werk angegeben sind, wurden vom Verlag sorgfältig geprüft (Redaktionsschluss März 2014). Da wir auf die externen Seiten weder inhaltliche noch gestalterische Einflussmöglichkeiten haben, können wir nicht garantieren, dass die Inhalte zu einem späteren Zeitpunkt noch dieselben sind wie zum Zeitpunkt der Drucklegung. Der Auer Verlag übernimmt deshalb keine Gewähr für die Aktualität und den Inhalt dieser Internetseiten oder solcher, die mit ihnen verlinkt sind, und schließt jegliche Haftung aus.

Hinweisen an info@auer-verlag.de auf veränderte Inhalte verlinkter Seiten werden wir selbstverständlich nachgehen.

Gedruckt auf umweltbewusst gefertigtem, chlorfrei gebleichtem
und alterungsbeständigem Papier.

1. Auflage 2014
Nach den seit 2006 amtlich gültigen Regelungen der Rechtschreibung

Illustrationen: Stefan Lohr
Satz: Typographie & Computer, Krefeld
Druck und Bindung: Kessler Druck + Medien, Bobingen
ISBN 978-3-403-**07487**-8

www.auer-verlag.de

Alle Materialien des Buches finden Sie auch auf der beiliegenden CD-ROM sowie folgende Inhalte:

Lösungen

Arbeitsblatt Hausaufgabe 2: *Gedanken über die Nachahmung* ... (J. J. Winckelmann)
Arbeitsblatt Hausaufgabe 4: Geografische Verhältnisse
Arbeitsblatt Hausaufgabe 6: III. Aufzug, 3. Auftritt
Arbeitsblatt Hausaufgabe 8: Schriftliche Analyse einer Dramenszene
Arbeitsblatt Hausaufgabe 12: Schillers Brief an Goethe vom Januar 1802
Arbeitsblatt Hausaufgabe 14: Neue Inszenierungen

Ideenpool

Arbeitsblatt 1: Goethe: *Götz von Berlichingen* (I. Akt, 1. Auftritt)
Arbeitsblatt 2: Brecht: *Der gute Mensch von Sezuan* (Auszug aus dem Vorspiel)
Arbeitsblatt 3: Euripides: *Iphigenie bei den Taurern* (Zusammenfassung)
Arbeitsblatt 4: Schiller: *Über das Erhabene*

Klausurvorschläge

Klausurvorschlag 1
Erwartungshorizont Klausurvorschlag 1
Klausurvorschlag 2
Erwartungshorizont Klausurvorschlag 2
Klausurvorschlag 3
Erwartungshorizont Klausurvorschlag 3
Musterlösung Klausurvorschlag 3
Klausurvorschlag 4
Erwartungshorizont Klausurvorschlag 4

Der Band ***Unterrichtssequenzen Abiturlektüre Johann Wolfgang von Goethe: Iphigenie auf Tauris*** bietet 14 ausgearbeitete Unterrichtseinheiten, mit denen sich das Stück kompetent und mit wenig Vorbereitung im Unterricht behandeln lässt.

Die **Unterrichtseinheiten** sind dabei immer gleich aufgebaut:

- Die Auftaktseite stellt die Unterrichtsinhalte in einen thematischen Zusammenhang, nennt Hintergrundwissen und ergänzende Informationen.
- Die Folgeseite enthält überblicksartig den möglichen Unterrichtsverlauf und gibt didaktische und methodische Hinweise zur Unterrichtsgestaltung.
- Im Zentrum der Unterrichtseinheit steht ein Arbeitsblatt[1] für die Schüler[2], mit dessen Hilfe sich der thematische Kern der Unterrichtseinheit erarbeiten lässt.
- Das Schülerarbeitsblatt ist ergänzt um eine Übersicht zu den Unterrichtsergebnissen. Hier sind sowohl die Lösungen zu den Arbeitsblättern enthalten als auch mögliche Tafelbilder bzw. andere Formen der Ergebnissicherung.
- Abgeschlossen wird die Einheit durch ein weiteres Schülerarbeitsblatt zur Hausaufgabe[3]. Neben der inhaltlichen Weiterarbeit und Lektüre steht hier auch die Wiederholung von Basiswissen (inklusive Schreibtraining) im Mittelpunkt.

Am Ende des Bandes findet sich außerdem ein Ideenpool mit Materialien zur Ergänzung, Vertiefung und Differenzierung.

Alle Arbeitsblätter sowie die Materialien des Ideenpools finden sich veränderbar und an die konkrete Unterrichtssituation anpassbar auch auf der **CD-ROM** zum Band. Die CD-ROM enthält außerdem vier Klausurvorschläge (samt Erwartungshorizont und einer exemplarischen Lösung) sowie Lösungen der Schülerarbeitsblätter zur Hausaufgabe.

Die Materialien des Bandes sind dabei so konzipiert, dass sie auch weitgehend selbstständig durch die Schüler erarbeitet werden können. Der Band kann so nicht nur als Grundlage für eine ganze Unterrichtssequenz zu *Iphigenie auf Tauris* dienen, sondern auch als Materialpool zur Wiederholung und Differenzierung.

Viel Erfolg
Dr. Stefan Schäfer

---

[1] Dieses wird im Buch auch als UAB bezeichnet.

[2] Aufgrund der besseren Lesbarkeit ist in diesem Buch mit Schüler auch immer Schülerin gemeint, ebenso verhält es sich mit Lehrer und Lehrerin etc.

[3] Dieses wird im Buch auch als HAB bezeichnet.

Johann Wolfgang von Goethes Schauspiel *Iphigenie auf Tauris* ist für Schüler nur schwer zugänglich. In seinem Brief vom 21. Januar 1802 an Christian Gottfried Körner fasst Friedrich Schiller die Gründe dafür knapp zusammen:

> „Sie [i.e. die „Iphigenie"] ist ganz nur sittlich; aber die sinnliche Kraft, das Leben, die Bewegung und alles, was ein Werk zu einem echten dramatischen spezifiziert, geht ihr sehr ab. Goethe hat selbst mir schon längst zweideutig davon gesprochen – aber ich hielt es nur für eine Grille, wo nicht gar für Ziererei; bei näherem Ansehen aber hat es sich mir auch so bewährt. Indessen […] wird es durch die allgemeinen hohen poetischen Eigenschaften, die ihm ohne Rücksicht auf seine dramatische Form zukommen, bloß als ein poetisches Geisteswerk betrachtet, in allen Zeiten unschätzbar bleiben."

Nicht nur also, dass dem Stück die dramatische Qualität weitgehend fehlt (Goethe selbst bekannte noch 1827 in einem Gespräch mit Eckermann: „Das Stück […] hat seine Schwierigkeiten. Es ist reich an innerem Leben, aber arm an äußerem."), sondern auch, dass die Qualität im Poetischen liegt, kommt den Schülern nicht entgegen – nur mühsam erschließt sich ihnen die anspruchsvolle Sprache des Stücks.

Einen inhaltlichen Zugang für Schüler kann die stoffliche Grundlage (die *Tantaliden-* bzw. *Atridensage*) bieten. Es wird deshalb hier vorgeschlagen, die Schüler über den Stoff an die Handlung heranzuführen (→ HAB 1 sowie UAB 2).
Darüber hinaus dürfte das dichterische Ziel des Stücks den Schülern so fremd nicht sein. Die Figur der Iphigenie steht ja vor allem für einen selbstbestimmten Menschen, einen Menschen, der bewusst, reflektiert und zielorientiert handelt. So kann auch für Schüler die *Iphigenie* spannend sein, wenn sie nämlich immer wieder zum Anlass genommen wird, die Schüler nach ihren eigenen Handlungsmaximen zu befragen und die den Handlungsmaximen zugrunde liegenden Wertvorstellungen zu diskutieren. Ausgangspunkte hierfür können verschiedene der in Gegensatzpaaren strukturierten Konflikte des Stücks wie Herz / Verstand, Lüge / Wahrheit, aber auch Götter / Menschen sein wie auch das diesen Gegensätzen übergeordnete Humanitätsideal.
Wenn also vorgeschlagen wird, den Einstieg mit einem vergleichsweise anspruchsvollen Text wie einem Auszug aus Johann Gottfried Herders *Briefe zur Beförderung der Humanität* (→ UAB 1) zu gestalten, dann nicht zuletzt deshalb, weil Herder dort gleichsam die Voraussetzung von Handlungsmaximen thematisiert:

> „Die Bildung zu ihr [i. e. der „Humanität"] ist ein Werk, das unablässig fortgesetzt werden muss, oder wir sinken, höhere und niedere Stände, zur rohen Tierheit, zur *Brutalität* zurück."

Laut Herder fällt die Menschheit also ins Tierische zurück, wenn sie sich nicht unablässig um den Wert des Menschlichen bemüht. Aber stimmt das? Stimmt es vor allem für den einzelnen Menschen (den einzelnen Schüler)? Und was macht diesen Wert des Menschlichen (für mich / uns) (heute) aus? – Natürlich sollen und müssen diese Fragen nicht abschließend beantwortet werden, sie aber bei der Lektüre der *Iphigenie* immer mitzudenken und unter verschiedenen Aspekten immer wieder zu reflektieren, sollte den Schülern helfen, auch diesem „verteufelt human(en)" Stück (Goethe) für sich etwas abzugewinnen.

Denkbar und sinnvoll ist jedoch auch, die Herder-Schrift zu einem späteren Zeitpunkt zu bearbeiten und stattdessen etwa die Einstiegsszene der *Iphigenie* mit dem Auftakt des *Götz von Berlichingen* zu vergleichen (→ Ideenpool Arbeitsblatt 1 ◎), um so die Differenz zum Sturm und Drang zu verdeutlichen.

Voraussetzung: –

benötigte Materialien: –

Unterrichts-phasen	Zeit	Inhalte	didaktisch-methodische Hinweise	Kompetenzen
Phase 1 Einstieg	10	Ankündigung der neuen Lektüre – Austausch über eventuelles Vorwissen (zum Autor, zum Stück, zum Stoff und zur Epoche der Weimarer Klassik)	Lehrervortrag, Unterrichtsgespräch	sich sachbezogen austauschen
Phase 2 Erarbeitung I	20	Vorstellungen eines „edlen" Menschen (→ UAB 1, Aufgabe 1)	Einzel- oder Gruppenarbeit, anschließend Klassendiskussion	sich sachbezogen austauschen
Phase 3 Erarbeitung II	30	Erschließung von Herders *Briefe zur Beförderung der Humanität* / Herders Begriff der Humanität (→ UAB 1, Aufgaben 2 und 3)	Gruppenarbeit, anschließend Klassendiskussion	Sachtexten Informationen entnehmen und wiedergeben
Phase 4 Erarbeitung III/ Transfer	10	Ideen zu einem Humanitätsdrama entwickeln (→ UAB 1, Aufgabe 4)	Gruppenarbeit, anschließend Klassendiskussion Haben die Schüler mit Blick auf das Goethe-Stück ergiebige Ideen, kann diese Phase auch ausgeweitet werden, indem die Schüler stichwortartig nicht nur den dramatischen Konflikt skizzieren, sondern auch Ideen zu einem möglichen Handlungsverlauf entwickeln.	sich sachbezogen austauschen
Phase 5	20	ggf. Hinweise zur Bearbeitung von HAB 1 sowie Beginn der Lektüre (Auftritt 1 des ersten Aufzugs)		

1. Was ist für Sie ein „edler Mensch“? Nennen Sie konkrete Kriterien und/oder führen Sie Beispiele für ein „edles“ Verhalten an.

2. Lesen Sie den folgenden Auszug aus Herders *Briefen zur Beförderung der Humanität*. Stellen Sie dar, was Herder unter „Humanität“ versteht und wie sich Humanität zum menschlichen Tun verhält.

Johann Gottfried Herder: Briefe zur Beförderung der Humanität

Sie fürchten, dass man dem Wort Humanität einen Fleck anhängen werde; könnten wir nicht das Wort ändern? *Menschheit, Menschlichkeit, Menschenrechte, Menschenpflichten, Menschenwürde, Menschenliebe?*

Menschen sind wir allesamt und tragen sofern die *Menschheit* an uns, oder wir gehören zur *Menschheit.* Leider aber hat man in unserer Sprache dem Wort *Mensch* und noch mehr dem barmherzigen Wort *Menschlichkeit* so oft eine Nebenbedeutung von Niedrigkeit, Schwäche und falschem Mitleid angehängt, dass man jenes nur mit einem Blick der Verachtung, dies mit einem Achselzucken zu begleiten gewohnt ist. „*Der Mensch!*“, sagen wir jammernd oder verachtend und glauben einen guten Mann aufs Lindeste mit dem Ausdruck zu entschuldigen, „es habe ihn die *Menschlichkeit* übereilet“. Kein Vernünftiger billigt es, dass man den Charakter des Geschlechts, zu dem wir gehören, so barbarisch hinabgesetzt hat; man hat hiermit unweiser gehandelt, als wenn man den Namen seiner Stadt oder Landsmannschaft zum Ekelnamen machte. Wir also wollen uns hüten, dass wir zu Beförderung solcher *Menschlichkeit* keine Briefe schreiben.

Der Name *Menschenrechte* kann ohne *Menschenpflichten* nicht genannt werden; beide beziehen sich aufeinander, und für beide suchen wir *ein* Wort.

So auch *Menschenwürde* und *Menschenliebe.* Das Menschengeschlecht, wie es jetzt ist und wahrscheinlich lange noch sein wird, hat seinem größten Teil nach keine Würde; man darf es eher bemitleiden als verehren. Es soll aber zum *Charakter seines Geschlechts,* mithin auch zu dessen *Wert* und *Würde* gebildet werden. Das schöne Wort *Menschenliebe* ist so trivial worden, dass man meistens die Menschen liebt, um keinen unter den Menschen wirksam zu lieben. Alle diese Worte enthalten Teilbegriffe unseres Zwecks, den wir gern mit *einem* Ausdruck bezeichnen möchten.

Also wollen wir bei dem Wort *Humanität* bleiben, an welches unter Alten und Neuern die besten Schriftsteller so würdige Begriffe geknüpft haben. Humanität ist der *Charakter unsres Geschlechts;* er ist uns aber nur in Anlagen angeboren und muss uns eigentlich angebildet werden. Wir bringen ihn nicht fertig auf die Welt mit; auf der Welt aber soll er das Ziel unsres Bestrebens, die Summe unsrer Übungen, unser *Wert* sein; denn eine *Angelität*[1] im Menschen kennen wir nicht, und wenn der Dämon, der uns regiert, kein humaner Dämon ist, werden wir Plagegeister der Menschen. Das *Göttliche* in unserm Geschlecht ist also *Bildung zur Humanität;* alle großen und guten Menschen, Gesetzgeber, Erfinder, Philosophen, Dichter, Künstler, jeder edle Mensch in seinem Stande, bei der Erziehung seiner Kinder, bei der Beobachtung seiner Pflichten, durch Beispiel, Werk, Institut und Lehre hat dazu mitgeholfen. Humanität ist der Schatz und die Ausbeute aller menschlichen Bemühungen, gleichsam die *Kunst unsres Geschlechtes.* Die Bildung zu ihr ist ein Werk, das unablässig fortgesetzt werden muss, oder wir sinken, höhere und niedere Stände, zur rohen Tierheit, zur *Brutalität* zurück.

[1] von lat. *angelus* „Engel“; analoge Wortbildung zu „Humanität“ (*humanitas* „Menschlichkeit“; abgeleitet von *homo* „Mensch“ und *humanus* „menschlich“)

3. Nehmen Sie kritisch Stellung zu Herders These, Humanität sei ein „Werk, das unablässig fortgesetzt werden muss, oder wir sinken, höhere und niedere Stände, zur rohen Tierheit, zur *Brutalität* zurück“.

4. Goethes *Iphigenie auf Tauris* wird oft als Humanitätsdrama bezeichnet. Entwickeln Sie Ideen dazu, wie die Humanität eines Menschen einer dramatischen Prüfung unterworfen sein könnte.

<table>
<tr><th>Unterrichts-phasen</th><th>Ergebnisse (Erwartungen)</th></tr>
<tr><td>Phase 2
= UAB 1,
Aufgabe 1</td><td>Durch die Bearbeitung der Aufgabe sollen die Schüler für den Begriff des „Edlen“ sensibilisiert werden.
Angestoßen werden könnte die Diskussion dabei durch das bekannte Zitat von Wilhelm Busch (aus: Die fromme Helene): „Das Gute – dieser Satz steht fest – / Ist stets das Böse, was man lässt.“
Das heißt:
• Ist man schon edel (gut), wenn man nichts Böses tut?
• Falls ja: Reicht es, neben der Unterlassung des Bösen zusätzlich Gutes zu tun, um als edel zu gelten? Wie könnte das Gute dabei aussehen?
• Falls nicht: Wie viele Entbehrungen oder persönliche Risiken muss jemand auf sich nehmen, wenn er Gutes tut, damit er als edel gilt?

Man beachte, dass nicht nur Herder vom „edle(n) Mensch in seinem Stande“ spricht (siehe dazu auch die Hinweise zu Phase 3), sondern auch Thoas bereits in I,1 von Iphigenie als „edler Mann“ charakterisiert wird (vgl. V. 33).</td></tr>
<tr><td>Phase 3
= UAB 1,
Aufgaben 2
und 3</td><td>Tafelanschrieb
„Humanität“ nach Herder:
• umfasst Bedeutungsteile der Wörter Menschenrechte, Menschenpflichten, Menschenwürde und Menschenliebe
• ist der positive Charakter unseres Geschlechts, also das, was dem menschlichen Geschlecht an Wert und Würde zukommt
• ist im Menschen aber nur veranlagt und muss ausgebildet (erworben, erlernt) werden
• die Bildung zur Humanität ist das Göttliche in unserem Geschlecht

Humanität und menschliches Tun:
• Humanität (bzw. die Bildung zur Humanität) sollte das Ziel aller menschlichen Bemühungen darstellen.
• Wird keine Humanität angestrebt, fällt das Menschengeschlecht in die Barbarei zurück.
• charakterisiert den edlen Menschen (d. h. „edel“ ist derjenige, der in seinem Tun nach Humanität strebt)

zu Herders These, die Humanität sei ein „Werk, das unablässig fortgesetzt werden muss, oder wir sinken, höhere und niedere Stände, zur rohen Tierheit, zur Brutalität zurück“, siehe → UE 1, Hintergrundinformationen</td></tr>
<tr><td>Phase 4
= UAB 1,
Aufgabe 4</td><td>Aus dem bisher Erarbeiteten ergeben sich zwei grundsätzliche Möglichkeiten:
• Der Verpflichtung zur Humanität steht ein hohes persönliches Risiko, ein hoher persönlicher Schaden entgegen (etwa der Tod oder zumindest eine große Todesgefahr).
• Die Verpflichtung zur Humanität ist unklar, etwa weil sich zwei Pflichten/ Bestrebungen ausschließen (z. B. wenn Wahrhaftigkeit zu Unfreiheit führt oder Nächstenliebe nur durch Lüge oder Pflichtverletzung zu leisten wäre).</td></tr>
</table>

1. Lesen Sie vorbereitend auf die nächste Stunde den Text von Gustav Schwab gründlich.

Gustav Schwab: Agamemnons Geschlecht und Haus

Auf Agamemnons Geschlecht ruhte ein Fluch; von seinem Urahn Tantalos her war es unter Gräueln erwachsen; ruchlose Gewalt hatte die einen seiner Glieder gestürzt, die andern erhoben; durch einen ungeheuren Frevel im eigenen Hause sollte auch Agamemnon das Ziel seines Lebens finden. Der Urgroßvater Tantalos hatte den zum Mahle geladenen Göttern seinen Sohn Pelops gekocht zu schmausen vorgesetzt, und nur ein Wunder hatte diesen Stammhalter des Geschlechts ins Leben zurückgerufen. Pelops, sonst unsträflich, ermordete seinen Wohltäter Myrtilos, den Sohn des Hermes, und half durch diesen Mord den Fluch des Hauses weiterspinnen. Myrtilos nämlich, der Stallmeister des Königs Önomaos, dessen Tochter Hippodameia Pelops durch den Sieg im Wagenrennen gewinnen sollte, ließ sich überreden, die Nägel aus dem Wagen seines Herrn zu ziehen und wächserne statt der eisernen einzustecken. Dadurch ging der Wagen des Önomaos auseinander und Pelops gewann den Sieg und die Jungfrau. Als aber Myrtilos die versprochene Belohnung forderte, stürzte ihn Pelops, um keinen Zeugen seines Betruges zu haben, ins Meer. Vergebens suchte er den über diesen Frevel zürnenden Gott Hermes zu versöhnen, baute dem Sohn ein Grabmal und dem Vater einen Tempel: Er und sein Geschlecht waren der Rache des Gottes verfallen.

In den Söhnen des Pelops, Atreus und Thyestes, wirkte der Fluch kräftig fort. Atreus war König zu Mykene, Thyestes neben ihm König im südlichen Teile des argolischen Landes. Der ältere Bruder besaß einen Widder, der goldene Wolle trug; nach diesem gelüstete Thyestes, den jüngeren; er verführte die Gemahlin des Bruders, Aërope, zur Untreue und erhielt von ihr das goldene Lamm. Als Atreus das doppelte Verbrechen seines Bruders inneward, hielt ihn keine Überlegung ab; er handelte wie der Großvater: Heimlich ergriff er die beiden kleinen Söhne des Thyestes, Tantalos und Pleisthenes, setzte sie geschlachtet beim grässlichen Gastmahle dem Bruder vor und gab ihr Blut zum Weine gemischt, dem unseligen Vater zu trinken. Dem zuschauenden Sonnengott kam über dieser Unmenschlichkeit ein solches Grauen an, dass er seinen Wagen rückwärts lenkte; Thyestes aber floh vor dem entsetzlichen Bruder nach Epiros zu dem Könige Thesprotos. Das Land des Atreus ward von Dürre und Hungersnot heimgesucht und der befragende König erhielt vom Orakel die Antwort, die Landplage werde aufhören, wenn der vertriebene Bruder zurückberufen sei. So machte sich Atreus selbst auf den Weg, den Thyestes in seiner Zufluchtsstätte aufzusuchen, und führte ihn mit einem Sohne, namens Ägisth, in die alte Heimat zurück. Auch dieser Ägisth war das Kind eines Gräuels und in seinem Asyle von Thyestes erzeugt. Aber er hatte geschworen, seinen Vater an dem Atreus und dessen Kindern zu rächen. Das erste vollführte er bald, nachdem die Brüder zusammen nach Mykene zurückgekehrt waren. Ihre Freundschaft war dort von kurzer Dauer gewesen und Atreus hatte den Bruder in den Kerker geworfen. Da erbot sich Ägisth trügerischerweise dem Oheim, indem er sich über den Gräuel seiner Geburt entrüstet stellte, den eigenen Vater umzubringen. In den Kerker eingelassen, verabredete er mit seinem Vater die Rache, zeigte dem Atreus ein blutiges Schwert und als dieser, über den geglaubten Tod des Bruder fröhlich, am Meeresufer ein Dankopfer anstellte, stieß ihm Ägisth dasselbe Schwert in den Leib. Thyestes kam aus seiner Haft hervor und bemächtigte sich auf kurze Zeit des brüderlichen Reiches; aber der älteste Sohn des Atreus, Agamemnon, stellte ihm nach und rächte mit dem Stahl an ihm des Vaters Mord. Ägisth blieb verschont, er ward von den Göttern zum Fluche des Geschlechtes aufgehoben und regierte als König in dem alten Anteile seines Vaters im südlichen Lande.

Wie nun Agamemnon in den Krieg vor Troja gezogen war und seine Gemahlin Klytämnestra, über die Opferung ihrer Tochter Iphigenie grollend, im tiefen Mutterschmerze zu Hause saß, da deuchte Ägisth die rechte Zeit gekommen, auch dem Atriden mit seiner Rache zu nahen. Er erschien im Königspalast zu Mykene, und der Wunsch, am unmenschlichen Gatten sich zu rächen, gab Klytämnestra nach langem Widerstreben der Verführung des Bösewichts preis, dass sie mit ihm als mit einem zweiten Gemahl Palast und Reich Agamemnons teilte. Von ihrem rechtmäßigen Gatten lebten in dessen Hause damals drei Geschwister der entrückten Iphigenie: ihr zunächst am Alter die kluge Jungfrau Elektra, eine jüngere Schwester Chrysothemis und ein kleiner Knabe Orestes. Vor ihren Augen nahm Ägisth von dem Ehebund und Palast des Vaters Besitz.

Die Antike war schon seit dem Humanismus und dann vor allem während der Renaissance künstlerisches Vorbild, wobei man sich vor allem an Rom orientierte. Ab der Mitte des 18. Jahrhunderts rückte zunehmend Griechenland in den Fokus, nicht zuletzt befördert durch Johann Joachim Winckelmann (1717–1768) und seine *Gedanken über die Nachahmung der griechischen Werke der Malerei und Bildhauerkunst* von 1755 (→ HAB 2), in denen er die „edle Einfalt“ und „stille Größe“ der griechischen Kunst würdigte.

Das Wort „Nachahmung“ ist, – zumindest für die Literatur – nicht wörtlich zu verstehen. Wie Goethe in seinem Essay *Antik und Modern* (1818) verdeutlicht, sollte das Vorbild vor allem Ansporn sein:

> „Die Klarheit der Ansicht, die Heiterkeit der Aufnahme, die Leichtigkeit der Mitteilung, das ist es, was uns entzückt; und wenn wir nun behaupten, dieses alles finden wir in den echt griechischen Werken, und zwar geleistet am edelsten Stoff, am würdigsten Gehalt, mit sicherer und vollendeter Ausführung, so wird man uns verstehen, wenn wir immer von dort ausgehen und immer dort hinweisen. Jeder sei auf seine Art ein Grieche! Aber er sei‘s.“

Iphigenies Selbstbeschreibung („Das Land der Griechen mit der Seele suchend“, V. 12) ist so also auch Ausdruck der zeitgenössischen Hinwendung zur griechischen Antike.

An dieser Stelle ist es wichtig, für die Schüler herauszustellen, dass diese Hinwendung zur Antike keineswegs den Blick auf die soziale Wirklichkeit verstellt hat. Als Goethe 1779 an der Prosafassung der *Iphigenie* arbeitete, hungerten in der bei Weimar gelegenen Stadt Apolda die Strümpfemacher und ihre Familien, da die Webstühle mangels Nachfrage stillstanden. An Charlotte von Stein schrieb Goethe am 6. März 1779: „Hier will das Drama gar nicht fort, es ist verflucht, der König von Tauris soll reden, als wenn kein Strumpfwürker in Apolde hungerte.“

Auch taugten die griechischen Stoffe nicht zum ethischen Vorbild (die Griechen übertölpelten die Barbaren oder töteten sie). Goethe (und Schiller) war vielmehr an der ästhetischen Erziehung gelegen, mit dem Ziel, „das Ganze unserer sinnlichen und geistigen Kräfte in möglichster Harmonie auszubilden“, wie Schiller in seinem Werk *Über die ästhetischen Erziehung des Menschen in einer Reihe von Briefen* 1793 formulierte. Auf der Grundlage dieses ästhetischen Gefühls könne die Kunst den Menschen moralisch bilden, sodass er das klassische Humanitätsideal verwirkliche und nach dem Guten, Wahren und Schönen strebe.

Um nun bei den Schülern kein einseitiges Zeitbild entstehen zu lassen, könnte schließlich darauf verwiesen werden, dass es nicht nur zahlreiche bedeutende Autoren gab, die sich diesem hohen Ziel der Literatur nicht verpflichtet gefühlt haben – zu denken wäre insbesondere an Heinrich von Kleist (1777–1811), Friedrich Hölderlin (1770–1843), Johann Peter Hebel (1760–1826) und Jean Paul (1763–1825) –, sondern dass auch bedeutende Werke dieser Zeit von Goethe und Schiller selbst nicht vor diesem Hintergrund angemessen beurteilt bzw. erfasst werden können (zu denken wäre etwa an Goethes *Faust* und seine Romane *Die Wahlverwandtschaften* und *Wilhelm Meisters Wanderjahre* oder an Schillers Drama *Die Jungfrau von Orleans*).

Voraussetzung: Gustav Schwabs Sagenerzählung *Agamemnons Geschlecht und Haus* ist gelesen worden

benötigte Materialien: –

Unterrichtsphasen	Zeit	Inhalte	didaktisch-methodische Hinweise	Kompetenzen
Phase 1 Sicherung	10	mündliche Zusammenfassung von Gustav Schwabs *Agamemnons Geschlecht und Haus* (→ UAB 2, Aufgabe 1)	Unterrichtsgespräch Ein Schüler fasst die Sage mündlich zusammen. Hat er die Zusammenfassung beendet, können die anderen Schüler ggf. inhaltlich ergänzen.	Texte mündlich zusammenfassen
Phase 2 Erarbeitung I	20	inhaltliches Erschließen von Auftritt I,1 (Handlung) (→ UAB 2, Aufgabe 2)	Lehrervortrag Auftritt I,1 Einzel- oder Partnerarbeit, anschließend Klassendiskussion	einen literarischen Text erschließen, einen Text im Zusammenhang betrachten
Phase 3 Erarbeitung II	30	inhaltliches Erschließen von Auftritt I,1 (Aufbau, Sprechhaltung) (→ UAB 2, Aufgabe 3)	Gruppenarbeit, anschließend Besprechung der Arbeitsergebnisse in der Klasse	einen literarischen Text erschließen
Phase 4 Erarbeitung III	15	Bildbeschreibung, Bezug des Feuerbach-Porträts der Iphigenie zum Dramentext herstellen (→ UAB 2, Aufgabe 4)	Einzelarbeit, anschließend Lehrervortrag zur Rolle des Griechenlandbildes sowie zum Konzept der ästhetischen Erziehung durch Literatur in der Klassik (→ Hintergrundinformationen zur UE 2)	ein Bild beschreiben, einen Text im Zusammenhang betrachten, einem mündlichen Vortrag konzentriert folgen
Phase 5	15	ggf. Hinweise zur Bearbeitung von HAB 2 sowie Beginn der Lektüre (Winckelmann: *Gedanken über die Nachahmung der griechischen Werke und Bildhauerkunst*)		

1. Geben Sie Gustav Schwabs Sagenerzählung *Agamemnons Geschlecht und Haus* (→ HAB 1) in Ihren eigenen Worten mündlich wieder.

2. In der Sagenerzählung Gustav Schwabs wird gesagt, dass Iphigenie von ihrem Vater Agamemnon geopfert werden sollte. Rekonstruieren Sie aus dem ersten Auftritt des ersten Aufzugs von *Iphigenie auf Tauris* Iphigenies Schicksal nach der vermeintlichen Opferung.

3. Gliedern Sie den ersten Auftritt des ersten Aufzugs in vier Abschnitte. Begründen Sie Ihre Einteilung sowohl inhaltlich als auch formal.

Einteilung	Begründung
V. 1 – ___	
V. ___ – ___	
V. ___ – ___	
V. ___ – 53	

4. Beschreiben Sie das folgende Bild und beziehen Sie es auf den ersten Auftritt des ersten Aufzugs von *Iphigenie auf Tauris*. Was drückt das Bild aus? In welchen Textstellen findet es seine Entsprechung?

Anselm Feuerbach: *Iphigenie II* (1871), Ausschnitt

Bezug zum ersten Auftritt des ersten Aufzugs: ______________________________

____

____

<table>
<tr><th>Unterrichts-
phasen</th><th>Ergebnisse (Erwartungen)</th></tr>
<tr><td>Phase 1
= UAB 2,
Aufgabe 1</td><td>Die Aufgabe dient lediglich der Textsicherung. Hier soll vor allem sichergestellt werden, dass Aufgabe 2 auf UAB 2 bearbeitet werden kann.</td></tr>
<tr><td>Phase 2
= UAB 2,
Aufgabe 2</td><td>Direkten Bezug auf die Opferung Iphigenies durch Agamemnon nehmen die Verse 45 f.: „Agamemnon, / Der dir sein Liebstes zum Altare bracht“.
Vor dieser Opferung bzw. dem Vollzug der Opferung bewahrte Iphigenie die am Ende des Monologs direkt angesprochene Göttin Diana („Dir, meiner Retterin!“, V. 37), der Iphigenie nun dient („Mein Leben sollte / Zu freiem Dienste dir gewidmet sein.“, V. 37 f.). Jetzt lebt Iphigenie allerdings zugleich als Gefangene von König Thoas (vgl. V. 33 f.) in „Sklavenbanden“, und zwar schon „So manches Jahr“ (V. 7) und „fern von Eltern und Geschwistern“ (V. 15, vgl. auch V. 32).</td></tr>
<tr><td>Phase 3
= UAB 2,
Aufgabe 3</td><td>Tafelanschrieb
<table>
<tr><th>Einteilung</th><th>Begründung</th></tr>
<tr><td>V. 1 – 14</td><td>Iphigenie beklagt ihr Schicksal, in der Fremde leben zu müssen. Sie spricht in der 1. Person Singular.</td></tr>
<tr><td>V. 15 – 22</td><td>Wechsel in die 3. Person: Das Leben fern der Familie wird gleichsam aus der Distanz beschrieben.</td></tr>
<tr><td>V. 23 – 34</td><td>Wechsel in die 1. Person, zugleich thematischer Wechsel: Iphigenie sieht ihr Schicksal auch als spezifisch weibliches.</td></tr>
<tr><td>V. 35 – 53</td><td>Wechsel der Sprechhaltung: Wurde zuvor berichtend-reflektierend gesprochen, wechselt Iphigenie nun ins Gebet mit direkter Ansprache an Diana und bittet um abermalige Errettung.</td></tr>
</table>
Die Klage über die Rolle der Frau muss an dieser Stelle noch nicht weiter thematisiert werden (dazu ausführlich → UE 12).</td></tr>
<tr><td>Phase 4
= UAB 2,
Aufgabe 4</td><td>Das Bild zeigt eine sitzende Iphigenie, die über das Meer in die Ferne blickt, und verweist auf Vers 12: „Das Land der Griechen mit der Seele suchend“. Der Felsblock, auf den sich Iphigenie dabei stützt, kann auch als eine Art Mauer der Gefangenschaft verstanden werden. In jedem Falle aber wirkt er wild (der Stein ist unbearbeitet und bewachsen) und steht so auch im Gegensatz zum kultivierten Griechenland.
Der programmatische Vers 12 sowie der im Bild angedeutete Kontrast Griechen versus Barbaren kann in einen kurzen Lehrervortrag zum Konzept der ästhetischen Erziehung durch Literatur in der Klassik führen.</td></tr>
</table>

1. Lesen Sie den folgenden Auszug aus Winckelmanns Schrift *Gedanken über die Nachahmung der griechischen Werke und Bildhauerkunst* und stellen Sie dar,

- wie sich Natur zur Kunst verhält und
- welche Merkmale die griechische Kunst auszeichnen.

Johann Joachim Winckelmann: Gedanken über die Nachahmung der griechischen Werke und Bildhauerkunst

Der gute Geschmack, welcher sich mehr und mehr durch die Welt ausbreitet, hat sich angefangen zuerst unter dem griechischen Himmel zu bilden. Alle Erfindungen fremder Völker kamen gleichsam nur als der erste Same nach Griechenland und nahmen eine andere Natur und Gestalt an in dem Lande, welches Minerva, sagt man, vor allen Ländern, wegen der gemäßigten Jahreszeiten, die sie hier angetroffen, den Griechen zur Wohnung angewiesen, als ein Land, welches kluge Köpfe hervorbringen würde. [...]

Die Kenner und Nachahmer der griechischen Werke finden in ihren Meisterstücken nicht allein die schönste Natur, sondern noch mehr als Natur, das ist, gewisse idealische Schönheiten derselben, die, wie uns ein alter Ausleger des Plato lehrt, von Bildern, bloß im Verstande entworfen, gemacht sind. [...]

Diese häufigen Gelegenheiten zur Beobachtung der Natur veranlassten die griechischen Künstler, noch weiter zu gehen. Sie fingen an, sich gewisse allgemeine Begriffe von Schönheiten sowohl einzelner Teile als ganzer Verhältnisse der Körper zu bilden, die sich über die Natur selbst erheben sollten; ihr Urbild war eine bloß im Verstande entworfene geistige Natur.

So bildete Raffael seine Galatea. Man sehe seinen Brief an den Grafen Baldasare Castiglione: „Da die Schönheiten", schreibt er, „unter dem Frauenzimmer so selten sind, so bediene ich mich einer gewissen Idee in meiner Einbildung." Nach solchen über die gewöhnliche Form der Materie erhabenen Begriffen bildeten die Griechen Götter und Menschen. An Göttern und Göttinnen machte Stirn und Nase beinahe eine gerade Linie. Die Köpfe berühmter Frauen auf griechischen Münzen haben dergleichen Profil, wo es gleichwohl nicht willkürlich war, nach idealischen Begriffen zu arbeiten. [...]

Die römischen Kaiserinnen wurden von den Griechen auf ihren Münzen nach eben diesen Ideen gebildet. Der Kopf einer Livia und einer Agrippina hat ebendasselbe Profil, welches der Kopf einer Artemisia und einer Kleopatra hat.

Bei allen diesen bemerkt man, dass das von den Thebanern ihren Künstlern vorgeschriebene Gesetz, „die Natur bei Strafe aufs Beste nachzuahmen", auch von andern Künstlern in Griechenland als ein Gesetz beobachtet worden. Wo das sanfte griechische Profil ohne Nachteil der Ähnlichkeit nicht anzubringen war, folgten sie der Wahrheit der Natur, wie an dem schönen Kopf der Julia, Kaiser Titus' Tochter, von der Hand des Euodus, zu sehen ist.

Das Gesetz aber, „die Personen ähnlich und zu gleicher Zeit schöner zu machen", war allezeit das höchste Gesetz, welches die griechischen Künstler über sich erkannten, und setzte notwendig eine Absicht des Meisters auf eine schönere und vollkommenere Natur voraus. [...]

Das allgemeine vorzügliche Kennzeichen der griechischen Meisterstücke ist endlich eine edle Einfalt und eine stille Größe, sowohl in der Stellung als im Ausdruck. So wie die Tiefe des Meeres allezeit ruhig bleibt, die Oberfläche mag noch so wüten, ebenso zeigt der Ausdruck in den Figuren der Griechen bei allen Leidenschaften eine große und gesetzte Seele. [...]

Die edle Einfalt und stille Größe der griechischen Statuen ist zugleich das wahre Kennzeichen der griechischen Schriften aus den besten Zeiten, der Schriften aus Sokrates' Schule, und diese Eigenschaften sind es, welche die vorzügliche Größe eines Raffael machen, zu welcher er durch die Nachahmung der Alten gelangt ist.

2. Lesen Sie vorbereitend auf die nächste Stunde gründlich die Auftritte I,2 und I,3 aus *Iphigenie auf Tauris*.

Die beiden Auftritte I,2 und I,3 geben im Verbund erste Hinweise sowohl auf die Figurenkonstellation als auch auf den Bau des Dramas. Auch wenn sich beide Aspekte zum gegenwärtigen Lektürestand noch nicht im eigentlichen Sinne erschließen lassen, sollten die Schüler gleichwohl auf diese Aspekte aufmerksam gemacht werden, erleichtert doch das Wissen um den Dramenbau und die Figurenkonstellation die weitere Lektüre.

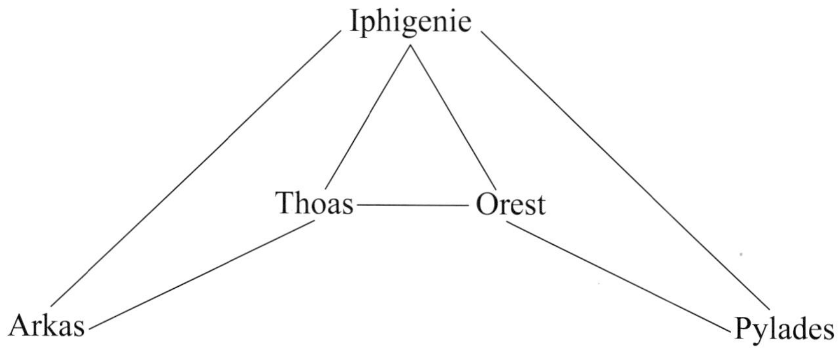

Figurenkonstellation in *Iphigenie auf Tauris*

In dem streng symmetrisch angelegten Drama sind der Zentralfigur Iphigenie zwei Figurenpaare zugeordnet: Thoas mit Arkas auf der einen und Orest mit Pylades auf der anderen Seite. Zu beachten ist jedoch, dass weder die Figuren Arkas und Pylades so gleichrangig sind, wie dies das obige Schema zur Figurenkonstellation andeutet (im Gegensatz zu Pylades hat Arkas als Figur kaum Eigengewicht), noch kommt der Beziehung zwischen Thoas und Orest dieselbe Qualität zu wie der zwischen Iphigenie und Thoas einerseits und der zwischen Iphigenie und Orest andererseits.
Das Drama entwickelt sich dabei in zwei Konfliktbereichen, wobei der Konflikt zwischen Iphigenie und Thoas (mit Arkas) die Orest-Handlung umgreift, jedoch von dieser gleichsam erst zur Entfaltung gebracht wird. Ein einfacher Szenenplan (→ UAB 3) vermag auf diese Verhältnisse hinzuführen.

Das Erschließen des Auftritts I,2, in dem Arkas Iphigenies segensreiches Wirken als Priesterin auf Tauris schmeichlerisch in einer Folge von rhetorischen Fragen preist und die Werbung von König Thoas ankündigt, sollte den Schülern selbstständig möglich sein.

Auch Auftritt I,3, in dem der Konflikt zwischen Iphigenie und Thoas entfaltet wird, ist auf der Handlungsebene unproblematisch. Dass die Erzählung der Vorgeschichte funktional eingesetzt wird (indem Iphigenie hofft, Thoas durch ihre Geschichte abzuschrecken), ist dabei dramaturgisch geschickt gelöst.
Die Geschichte der Tantaliden hat jedoch noch eine weitere Funktion, die sich den Schülern ohne Hilfestellung in der Regel nicht erschließen wird. Die Geschichte der Tantaliden demonstriert nämlich auch die Macht der negativen Affekte, die als Fluch wahrgenommen werden und zugleich Unfreiheit bedeuten. Aus diesem Negativbeispiel ergibt sich schon hier die Zähmung der Leidenschaften als übergeordnetes Handlungsziel des gesamten Dramas. Man beachte in diesem Zusammenhang, dass Thoas zwar ob der „Gräuel" der Tantaliden erschaudert, aber selbst seine Humanität im Affekt einbüßt, indem er aus Wut über Iphigenies Ablehnung die Wiedereinführung der Todesopfer befiehlt. Iphigenie erkennt denn auch klar: „Der missversteht die Himmlischen, der sie / Blutgierig wähnt: er dichtet ihnen nur / Die eignen grausamen Begierden an." (V. 523 ff.)

Voraussetzung: Auftritte I,2 und I,3 sind gelesen worden

benötigte Materialien: –

Unterrichts-phasen	Zeit	Inhalte	didaktisch-methodische Hinweise	Kompetenzen
Phase 1 Sicherung	8	Besprechung der HA: Auswertung des Winckelmann-Aufsatzes (→ HAB 2, Aufgabe 1)	Unterrichtsgespräch (zu den Lösungen von HAB 2, Aufgabe 1 vgl. ◎)	einen Sachtext erschließen
Phase 2 Erarbeitung I	10	Erschließen von Auftritt I,2 (→ UAB 3, Aufgabe 1)	Einzelarbeit, anschließend Besprechung der Arbeitsergebnisse in der Klasse (Klassengespräch)	einen literarischen Text erschließen, Gesprächsziele und -strategien erkennen
Phase 3 Erarbeitung II	10	kurze Charakteristik von Arkas (→ UAB 3, Aufgabe 2)	Einzelarbeit, anschließend Klassengespräch	eine literarische Figur charakterisieren
Phase 4 Erarbeitung III	10	Erschließen von Auftritt I,3: Iphigenies Offenbarung ihrer Herkunft erläutern (→ UAB 3, Aufgabe 3)	Einzelarbeit, anschließend Klassengespräch, in dem ggf. eine Rückbindung an den Sagentext von G. Schwab (→ HAB 1) erfolgen kann	einen literarischen Text erschließen, Gesprächs- und Handlungsziele erkennen
Phase 5 Erarbeitung IV	20	Untersuchung der Verse 315–396 (→ UAB 3, Aufgabe 4)	Partner- oder Gruppenarbeit, anschließend Klassengespräch	einen literarischen Text analysieren
Phase 6 Erarbeitung V	15	den dramatischen Konflikt zusammenfassen (→ UAB 3, Aufgabe 5)	Einzelarbeit, anschließend Klassengespräch, in dem die Schüler auch eine begründete Vermutung dazu äußern sollten, ob und wie sich der Konflikt löst bzw. lösen könnte	einen literarischen Text zusammenfassen, sich sachbezogen austauschen
Phase 7 Erarbeitung VI/ Transfer	15	einen Szenenplan untersuchen, Schlüsse zur Figurenkonstellation und Komposition ableiten (→ UAB 3, Aufgabe 6)	Partner- oder Gruppenarbeit, anschließend Klassengespräch	einen Szenenplan erfassen, sich sachbezogen austauschen
Phase 8	2	ggf. Hinweise zur Bearbeitung von HAB 3		

UAB 3

1. Benennen Sie, welches Ziel Arkas mit welchen Mitteln im Gespräch mit Iphigenie (Auftritt I,2) verfolgt.

____

____

2. Charakterisieren Sie stichwortartig die Figur des Arkas.

____

____

3. Stellen Sie dar, warum Iphigenie in Auftritt I,3 Thoas ihre Vergangenheit enthüllt.

____

____

4. Untersuchen Sie die Verse 315 bis 396 genauer: Wie erklärt Iphigenie die Gräueltaten ihrer Vorfahren?

____

____

5. Fassen Sie den dramatischen Konflikt, wie er sich für Iphigenie nach Auftritt I,3 darstellt, zusammen.

____

____

____

____

6. Untersuchen Sie den folgenden Szenenplan. Stellen Sie auf der Grundlage Ihrer Lektüre begründete Vermutungen zur Figurenkonstellation (Bedeutung der Figuren und ihre Beziehungen zueinander) sowie zur Komposition des Stücks an.

Auftretende Figuren in der Reihenfolge ihrer Nennung im Personenverzeichnis des Stücks

	1. Auftritt	2. Auftritt	3. Auftritt	4. Auftritt	5. Auftritt	6. Auftritt
1. Aufzug	Iphigenie	Iphigenie Arkas	Iphigenie Thoas	Iphigenie		
2. Aufzug	Orest Pylades	Iphigenie Pylades				
3. Aufzug	Iphigenie Orest	Orest	Iphigenie Orest Pylades			
4. Aufzug	Iphigenie	Iphigenie Arkas	Iphigenie	Iphigenie Pylades	Iphigenie	
5. Aufzug	Thoas Arkas	Thoas	Iphigenie Thoas	Iphigenie Thoas Orest	Iphigenie* Thoas Orest Pylades Arkas	Iphigenie Thoas Orest

*als stille Beobachterin

Unterrichts-phasen	Ergebnisse (Erwartungen)
Phase 2 = UAB 3, Aufgabe 1	Gesprächsziel von Arkas: Bitte an Iphigenie, dem Werben von Thoas positiv zu begegnen „Wenn heut der König mit dir redet, so / Erleichtr' ihm, was er dir zu sagen denkt." (V. 152 f.), „Erschwer's ihm nicht durch ein rückhaltend Weigern, / Durch ein vorsätzlich Missverstehen. Geh / Gefällig ihm den halben Weg entgegen." (V. 169 ff.) Mittel: • Vorwürfe (Iphigenie sei verschlossen und undankbar) • Schmeichelei (indem er Iphigenies segensreiches Wirken hervorhebt) • Appell an Iphigenies sittliche Verantwortung (indem er andeutet, bei einer Verweigerung sei ein „harter Schluss" (V. 204) zu befürchten)
Phase 3 = UAB 3, Aufgabe 2	Arkas hat als Figur kaum eigenes Gewicht, sodass es hier weniger um eine Charakteristik im strengen Sinne, sondern vielmehr um die bewusste Wahrnehmung der Figur geht. Iphigenie selbst bezeichnet ihn in V. 1523 als einen dem Thoas „treuen Mann". So zeigt er sich auch in Abschnitt I,2: Er ist loyal, um Ausgleich bemüht, tritt Iphigenie ehrlich gegenüber und zeigt sich pragmatisch (vgl. „Bedenke, was du tust und was dir nützt.", V. 156).
Phase 4 = UAB 3, Aufgabe 3	Iphigenie hofft, der Werbung Thoas' entgehen zu können, wenn dieser erfährt, welchem „verwünschten Haupt" (V. 268) er die Ehe anträgt: „ein Entsetzen fasste / Dein großes Herz mit seltenem Schauer an, / Und statt die Seite deines Thrones / Zu bieten, triebest du mich vor der Zeit / Aus deinem Reiche" (V. 269 ff.)
Phase 5 = UAB 3, Aufgabe 4	• Iphigenie entschuldigt zunächst Tantalus (vgl. „So war / Auch sein Vergehen menschlich.", V. 321 f.), sein Geschlecht habe den Hass der Götter getragen. • Auf Nachfrage von Thoas präzisiert Iphigenie: Die Götter hätten den Nachkommen „Rat, Mäßigung und Weisheit und Geduld" (V. 332) verborgen, sodass ihnen „jegliche Begier" zur „Wut ward" (V. 334). Diese Behauptung stützt die folgende Erzählung, in der mehrfach von Wut, Neid, Hass und Rache die Rede ist (vgl. V. 335, 341, 344, 363, 368, 375).
Phase 6 = UAB 3, Aufgabe 5	**Tafelanschrieb** dramatischer Konflikt: Iphigenie muss Thoas heiraten, um ihr humanitäres Wirken auf Tauris fortsetzen zu können. Damit wäre aber eine Rückkehr nach Griechenland nicht mehr möglich (vgl. „ARKAS Willst du sein Werben eine Drohung nennen? / IPHIGENIE Es ist die schreckliste von allen mir.", V. 173 f.)
Phase 7 = UAB 3, Aufgabe 6	• Figurenkonstellation: Die Verteilung der Auftritte zeigt zum einen die Bedeutung der Figuren (Iphigenie = 15 Auftritte von 20, Thoas und Orest = 7, Pylades = 5, Arkas = 4), zum anderen ihre Beziehung zueinander (Iphigenie spricht mit allen, darüber hinaus Thoas mit Arkas, dagegen spricht Arkas nicht mit Orest und Pylades, und Thoas nicht mit Pylades). • Komposition: Der I. und IV. Aufzug sind weitgehend parallel gebaut und rahmen den II. und III. Aufzug ein, d. h. es handelt sich wahrscheinlich um zwei Handlungsbereiche, die am Ende des V. Aufzugs zusammengeführt werden.

1. Lesen und untersuchen Sie Auftritt I,4. Nutzen Sie die Möglichkeit, im bzw. neben dem Text Anmerkungen und Markierungen vorzunehmen.

Johann Wolfgang von Goethe: Iphigenie auf Tauris, Auftritt I,4

Iphigenie *allein* Du hast Wolken, gnädige Retterin,
Einzuhüllen unschuldig Verfolgte
Und auf Winden dem ehrnen Geschick sie
Aus den Armen, über das Meer,
Über der Erde weiteste Strecken,
Und wohin es dir gut dünkt, zu tragen.
Weise bist du und siehest das Künftige;
Nicht vorüber ist dir das Vergangne,
Und dein Blick ruht über den Deinen,
Wie dein Licht, das Leben der Nächte,
Über der Erde ruhet und waltet.
O enthalte vom Blut meine Hände!
Nimmer bringt es Segen und Ruhe;
Und die Gestalt des zufällig Ermordeten
Wird auf des traurig-unwilligen Mörders
Böse Stunden lauern und schrecken.
Denn die Unsterblichen lieben der Menschen
Weit verbreitete gute Geschlechter,
Und sie fristen das flüchtige Leben
Gerne dem Sterblichen, wollen ihm gerne
Ihres eigenen, ewigen Himmels
Mitgenießendes fröhliches Anschaun
Eine Weile gönnen und lassen.

2. Beantworten Sie stichwortartig die folgenden Fragen zu Auftritt I,4:

a) Was erbittet sich Iphigenie von Diana?

____

b) Wie ist ihre Hoffnung auf Hilfe begründet?

____

____

____

c) Iphigenie spricht mit Blick auf die Menschenopfer von „Ermordeten“ und „Mörder“. Was verdeutlicht diese Wortwahl?

____

____

____

3. Lesen Sie vorbereitend auf die nächste Stunde gründlich den II. Aufzug aus *Iphigenie auf Tauris*.

Mit dem 1. Auftritt des II. Aufzugs wird das Figurenensemble des Schauspiels komplettiert und der Leser lernt in Orest, dem Bruder Iphigenies, und seinem Freund Pylades die beiden zum Opfer bestimmten Fremden kennen. Orest hat sich, auch unter dem Eindruck des Familienfluchs, mit seinem Schicksal abgefunden. Pylades dagegen hofft auf Rettung, vor allem aus zwei Gründen:
Zum einen hat Pylades – anders als Orest, der gleichsam in seinem fatalistischen Götterbild gefangen ist – ein positives Götterbild: „Der Götter Worte sind nicht doppelsinnig,/Wie der Gedrückte sie im Unmut wähnt.“ (V. 613 f.), sodass er an die Erfüllung der Weissagung Apolls glaubt:

> Bringst du die Schwester zu Apollen hin,
> Und wohnen beide dann vereint zu Delphi,
> Verehrt von einem Volk, das edel denkt,
> So wird für diese Tat das hohe Paar
> Dir gnädig sein, sie werden aus der Hand
> Der Unterird'schen dich erretten. (V. 722 ff.)

Ironischerweise ist es gerade die Doppelsinnigkeit dieser Weissagung (gemeint ist mit der „Schwester“ bekanntlich nicht die Schwester Apolls, also Diana, sondern die Schwester Orests, also Iphigenie), die am Ende den glücklichen Ausgang erlaubt (vgl. V. 2107 ff.). Orest jedenfalls kann sich dieser Sichtweise nicht anschließen und bemerkt – durchaus treffend zusammengefasst – gegenüber Pylades: „Mit seltner Kunst flichst du der Götter Rat/Und deine Wünsche klug in eins zusammen.“ (V. 740 f.) Umgekehrt erkennt Pylades allerdings auch treffend mit Blick auf Orest: „Du mehrst das Übel/Und nimmst das Amt der Furien auf dich.“ (V. 756 f.)
Zum anderen ist Pylades aber auch deshalb hoffnungsfroh gestimmt, da er in der Priesterin der Diana ein „fremdes, göttergleiches Weib“ (V. 722) erkennt, die jenes „blutige Gesetz gefesselt [hält]“ (V. 723). Zwar ist Orest auch bezüglich der Möglichkeiten der Priesterin skeptisch, doch stellt er sich den Plänen Pylades` nicht in den Weg.

So kommt es dann im 2. Auftritt des II. Aufzugs zum Gespräch zwischen Pylades und Iphigenie, in dem Pylades Orests Fall schildert, wenn auch nicht unter Nennung der richtigen Namen. Da auch Iphigenie sich nur als „Priesterin“ bezeichnet, kann Pylades aus seiner Schilderung der sich an Iphigenies Darstellung in I,3 anschließenden Ereignisse (Ehebruch von Iphigenies Mutter mit Ägisth und die Ermordung ihres Vaters Agamemnon) nur erkennen, dass sie mit dem Königshaus persönlich verbunden ist und folglich hoher Herkunft ist, wodurch er seine Hoffnung auf einen glücklichen Ausgang bestätigt sieht: „Nur stille, liebes Herz,/Und lass dem Stern der Hoffnung, der uns blinkt,/Mit frohem Mut und klug entgegensteuern.“ (V. 923 ff.)

Obschon also Orest als unmittelbar Betroffener und Beteiligter des Tantalidenfluchs – man erinnere sich, dass Orest als Entsprechungsfigur zu Thoas angelegt ist – ungleich bedeutender ist als Pylades, dominiert gleichwohl Pylades als derjenige, der die Handlung vorantreibt, den II. Aufzug.

Voraussetzung: II. Aufzug ist gelesen worden

benötigte Materialien: –

Unterrichts-phasen	Zeit	Inhalte	didaktisch-methodische Hinweise	Kompetenzen
Phase 1 Sicherung	18	Besprechung der HA: Auftritt I,4 (→ HAB 3, Aufgabe 2)	Unterrichtsgespräch (zu den Lösungen von HAB 3, Aufgabe 2 vgl. UE 4, Unterrichtsergebnisse)	einen literarischen Text erschließen
Phase 2 Erarbeitung I	30	Erschließen von Auftritt II,1: Orests und Pylades' innere Verfassung (→ UAB 4, Aufgabe 1)	Partner- oder Gruppenarbeit, in deren Verlauf der Auftritt II,1 auch noch einmal gründlich gelesen werden sollte, anschließend Klassengespräch	einen literarischen Text erschließen, literarische Figuren charakterisieren
Phase 3 Erarbeitung II	10	Erschließen von Auftritt II,1: Pylades' Hoffnung (→ UAB 4, Aufgabe 2)	Einzelarbeit, anschließend Klassengespräch	einen literarischen Text erschließen
Phase 4 Erarbeitung III	20	Erschließen von Auftritt II,2: Bericht von Pylades (→ UAB 4, Aufgabe 3)	Einzelarbeit, in deren Verlauf der Auftritt II,2 auch noch einmal gründlich gelesen werden sollte, anschließend Klassengespräch	einen literarischen Text erschließen, Informationen zusammenfassen
Phase 5 Erarbeitung IV / Sicherung	10	Erschließen von Auftritt II,2: Iphigenies Reaktion auf die Darstellung des Pylades erklären (→ UAB 4, Aufgabe 4)	Partner- oder Gruppenarbeit, anschließend Klassengespräch Sowohl diese Aufgabe als auch HAB 4 sollen sicherstellen, dass die Schüler die Tantalidensage richtig erfasst haben.	einen literarischen Text erschließen
Phase 6	2	ggf. Hinweise zur Bearbeitung von HAB 4		

1. Beschreiben Sie stichwortartig, in welcher inneren Verfassung sich Orest und Pylades in Auftritt II,1 befinden. Ergänzen Sie dazu die Tabelle.

Orest	Pylades
	optimistisch, einen Ausweg aus der schwierigen Situation zu finden
ergibt sich willenlos in sein Schicksal, handlungsunfähig	
	will nicht auf Tauris sterben
	glaubt an die Hilfe durch die Götter
	setzt auf seine Klugheit und List

2. Pylades hat – neben seinem Glauben an die Hilfe der Götter – noch einen weiteren Grund, nicht unverzagt zu sein. Benennen Sie diesen Grund.

____

____

____

3. Fassen Sie zusammen, über welche Ereignisse Pylades Iphigenie in Auftritt II,2 informiert.

____

____

____

____

____

____

____

4. Beschreiben und erklären Sie in Ihren eigenen Worten die Reaktion von Iphigenie auf Pylades' Darstellung in den Versen 906 ff.

____

____

____

____

____

Unterrichts-phasen	Ergebnisse (Erwartungen)
Phase 1 = HAB 3, Aufgabe 2	**a)** Was erbittet sich Iphigenie von Diana? Iphigenie bittet darum, die Menschenopfer nicht vollziehen zu müssen (vgl. „O, enthalte vom Blut meine Hände!“, V. 549). **b)** Wie ist ihre Hoffnung auf Hilfe begründet? Zum einen wurde Iphigenie schon einmal von Diana aus misslicher Lage errettet (damals hätte sie selbst Opfer sein sollen!), sodass sie auch jetzt auf die Macht der Göttin hoffen kann (vgl. V. 538–543). Zum anderen hat sie ein insgesamt positives Götterbild, hält Diana für weise (vgl. V. 544) und setzt auf die göttliche Fürsorge (vgl. „Denn die Unsterblichen lieben der Menschen / Weit verbreitete gute Geschlechter“, V. 554 f.). **c)** Iphigenie spricht mit Blick auf die Menschenopfer von „Ermordeten“ und „Mörder“. Was verdeutlicht diese Wortwahl? Die Wortwahl zeigt, dass Iphigenie den Menschenopfern keine religiöse Bedeutung beimisst.
Phase 2 = UAB 4, Aufgabe 1	**Tafelanschrieb** (siehe Tabelle unten)
Phase 3 = UAB 4, Aufgabe 2	Pylades hat in Erfahrung gebracht, dass auch die Priesterin (ein „fremdes, göttergleiches Weib“, V. 722) sich gegen die Menschenopferungen ausspricht, also jenes „blutige Gesetz gefesselt [hält]“ (V. 723).
Phase 4 = UAB 4, Aufgabe 3	• Troja ist nach zehn Jahren Belagerung von den Griechen eingenommen worden. • Gefallene im Kampf um Troja: Achill, Palamedes, Ajax Telamons • Klytämnestra hat mithilfe von Ägisth Agamemnon ermordet, weil dieser einst in Aulis Iphigenie opferte.
Phase 5 = UAB 4, Aufgabe 4	Iphigenie verhüllt ihr Gesicht, nachdem sie den Grund der Ermordung von Agamemnon erfährt, wahrscheinlich um das ganze Ausmaß ihrer Bestürzung nicht sichtbar werden zu lassen: In diesem Moment erkennt sie, dass sie zumindest mittelbar für die schrecklichen Ereignisse, die schließlich zur Ermordung ihres Vaters Agamemnon führten, verantwortlich ist.

Tafelanschrieb (Phase 2)

Orest	Pylades
verzweifelt, ohne Hoffnung	optimistisch, einen Ausweg aus der schwierigen Situation zu finden
ergibt sich willenlos in sein Schicksal, handlungsunfähig	voller Tatendrang, handlungsbereit
Todessehnsucht	will nicht auf Tauris sterben
fühlt sich von den Rachegöttinnen verfolgt, glaubt an strafende Götter	glaubt an die Hilfe durch die Götter
glaubt, dass die Götter ihn dazu bestimmt haben, den Fluch fortzusetzen	setzt auf seine Klugheit und List

1. Recherchieren Sie die genaue Lage der unten aufgeführten Orte (Aufgabe 2) und tragen Sie diese in die Karte ein.

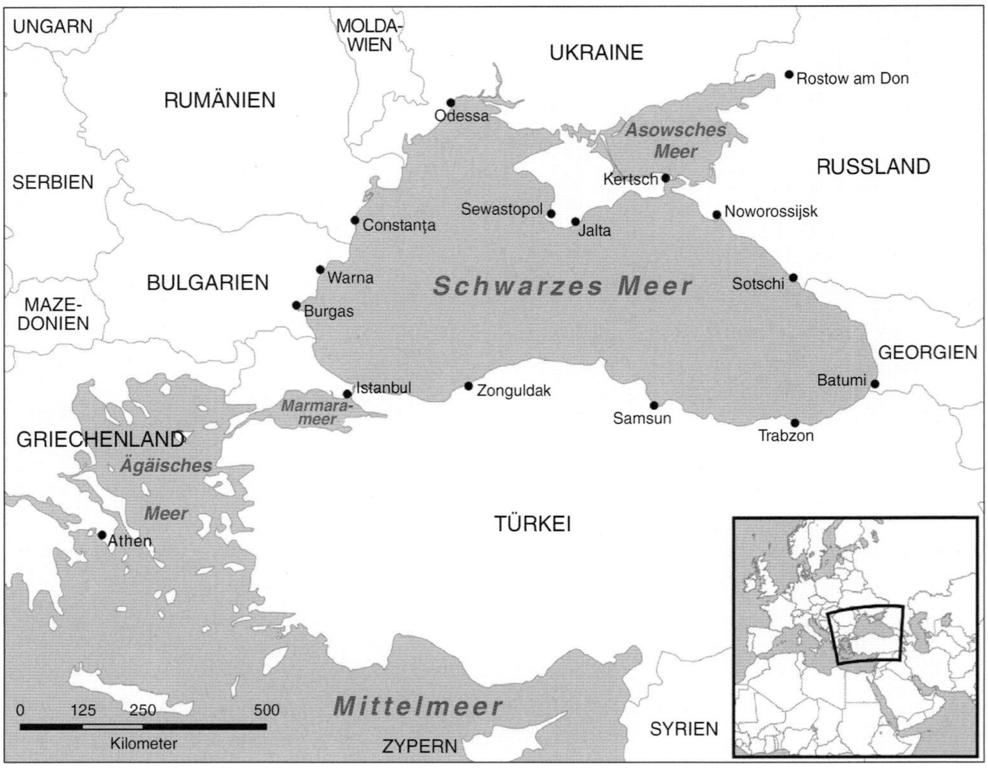

2. Geben Sie für die folgenden Orte jeweils an, welchen Bezug sie zur Handlung sowohl des Schauspiels als auch der Tantalidensage haben.

Mykene	
Aulis (bei Theben)	
Tauris	
Troja	
Delphi	

3. Lesen Sie vorbereitend auf die nächste Stunde gründlich den 1. Auftritt des III. Aufzugs aus *Iphigenie auf Tauris*.

Die Erstfassung der *Iphigenie* entstand 1779 im Auftrag des Weimarer Hofes zum Kirchgang von Herzogin Luise nach der Geburt ihrer Tochter Luise Auguste Amalie und wurde – mit leichter Verspätung – am 6. April 1779 von einer Laiengruppe aufgeführt (vgl. dazu auch → UE 14, Hintergrundinformationen).

Prosafassung 1779, I,1:
IPHIGENIE. Heraus in eure Schatten, rege Wipfel des alten, heiligen Hayns, hinnein ins Heiligthum der Göttin, der ich diene, tret' ich mit immer neuem Schauer und meine Seele gewöhnt sich nicht hierher! So manche Jahre wohn' ich hier unter euch verborgen, und immer bin ich wie im ersten fremd, denn mein Verlangen steht hinnüber nach dem schönen Land der Griechen, und immer mögt ich über's Meer hinnüber das Schiksal meiner Vielgeliebten theilen. Weh dem! der fern von Eltern und Geschwister ein einsam Leben führt, Ihn läßt der Gram des schönsten Glükes nicht genießen, ihm schwärmen abseits immer die Gedanken nach seiner Vaters Wohnung, an eine Stellen wo die Goldne Sonne, zum erstenmahl den Himmel vor ihm aufschloß, wo die Spiele der Mitgebohrnen die sanften liebsten Erden Banden knüpften.

Diese Erstfassung in Prosa hat Goethe 1780 zunächst in freie Verse (Jamben mit variablen Hebungen), dann 1781 in eine rhythmische Prosafassung übertragen.

Fassung in freien Jamben 1780, I,1:
IPHIGENIE, *allein.* Heraus in eure Schatten ewigrege Wipfel
Des heil'gen Hayns; hinein ins Heiligthum
Der Göttinn, der ich diene, tret' ich mit immer neuem Schauer;
und meine Seele gewönht sich nicht hierher!
So manche Jahre wohn' ich
Hier unter euch verborgen!
und immer bin ich wie im Ersten fremd …
denn mein Verlangen steht …
Hinnüber nach dem schönen Lande
der Griechen!
und immer mögt' ich über's Meer hinüber
Das Schicksal meiner vielgeliebten theilen.
weh dem, der, fern von Aeltern und Geschwistern,
Ein einsam Leben führet!
Ihn lässt der Gram des schönsten Glückes nicht genießen!

Die vierte und endgültige Fassung in Blankversen vollendete Goethe laut Tagebuch am 29.12.1786 während seiner Italienreise in Rom. In seiner *Italienischen Reise* (Zweiter Teil, 16. März 1787) bemerkt er zur *Iphigenie*:

„Ich merke wohl, daß es meiner „Iphigenie" wunderlich gegangen ist, man war die erste Form so gewohnt, man kannte die Ausdrücke, die man sich beim öftern Hören und Lesen zugeeignet hatte; nun klingt das alles anders, und ich sehe wohl, daß im Grunde mir niemand für die unendlichen Bemühungen dankt. So eine Arbeit wird eigentlich nie fertig, man muß sie für fertig erklären, wenn man nach Zeit und Umständen das möglichste getan hat."

Goethe hat sich stofflich für sein Schauspiel am Drama *Iphigenie bei den Taurern* des Euripides (ca. 414–412) orientiert, das im 18. Jahrhundert zahlreiche Bearbeiter fand – unter anderem Johann Elias Schlegel (*Orest und Pylades*, 1760) oder, für die Oper, Christoph Willibald Gluck (*Iphigénie en Tauride*, 1779).

Voraussetzung: Auftritt III,1 ist gelesen worden

benötigte Materialien: –

Unterrichts-phasen	Zeit	Inhalte	didaktisch-methodische Hinweise	Kompetenzen
Phase 1 Sicherung I	10	Besprechung der HA (→ HAB 4, Aufgabe 1 und 2)	Unterrichtsgespräch (zu den Lösungen von HAB 4, Aufgabe 1 vgl. ◎, zu den Lösungen von HAB 4, Aufgabe 2 vgl. UE 5, Unterrichtsergebnisse)	Informationen recherchieren und darstellen
Phase 2 Sicherung II	15	Erschließen von Auftritt III,1: Bezug des Gemäldes von Pierre-Narcisse Guérin auf den Inhalt des Auftritts III,1 (→ UAB 5, Aufgabe 1)	Einzel- oder Partnerarbeit, anschließend Klassengespräch Die Aufgabe dient der Verständnissicherung.	ein Bild auf einen Text beziehen, einen literarischen Text erschließen
Phase 3 Erarbeitung I	10	Erschließen von Auftritt III,1: Orests Öffnung gegenüber Iphigenie (→ UAB 5, Aufgabe 2)	Einzelarbeit, anschließend Klassengespräch	einen literarischen Text erschließen, Gesprächs- und Handlungsziele erkennen
Phase 4 Erarbeitung II	30	Erschließen von Auftritt III,1: Verfasstheit von Iphigenie und Orest (→ UAB 5, Aufgabe 3)	Partner- oder Gruppenarbeit, in deren Verlauf der Auftritt III,1 ab Vers 1094 auch noch einmal gründlich gelesen werden sollte, anschließend Klassengespräch	einen literarischen Text erschließen, Informationen zusammenfassen, Handlungsziele erkennen
Phase 5 Erarbeitung III	25	Vergleich der verschiedenen Fassungen der *Iphigenie* (→ HAB 5, Aufgabe 1)	Gruppenarbeit Die Bearbeitung von HAB 5 sollte in jedem Falle in der Unterrichtszeit begonnen werden, damit die Schüler Gelegenheit zum Austausch untereinander haben. Im Vordergrund steht dabei ein erstes Wahrnehmen und stichwortartiges Charakterisieren der Fassungen, die genaue Beschreibung erfolgt dann gemeinsam (→ UE 6).	

1. Beziehen Sie das Gemälde von Pierre-Narcisse Guérin auf den Inhalt des Auftritts III,1.

Pierre-Narcisse Guérin: *Clytemnestre hésitant avant de frapper Agamemnon endormi** (1817)

2. Erläutern Sie, warum Orest sich Iphigenie schließlich zu erkennen gibt (vgl. V. 1082).

3. Stellen Sie dar, was die Wiederbegegnung bei Iphigenie und Orest jeweils bewirkt.

	Iphigenie	Orest
emotionaler Zustand		
Annahme über die Folgen der Wiederbegegnung		

*Klytämnestra zögert vor der Ermordung des schlafenden Agamemnon

<table>
<tr><th>Unterrichts-phasen</th><th>Ergebnisse (Erwartungen)</th></tr>
<tr><td>Phase 1
= HAB 4,
Aufgabe 2</td><td>
<table>
<tr><td>Mykene</td><td>die Heimat von Iphigenie, in der ihr Vater Agamemnon König war</td></tr>
<tr><td>Aulis (bei Theben)</td><td>In Aulis sollte Agamemnon auf Befehl des Priesters Kalchas seine Tochter Iphigenie der Göttin Diana (das römische Gegenstück zur griechischen Artemis) opfern.</td></tr>
<tr><td>Tauris</td><td>derzeitiger Aufenthaltsort von Iphigenie: Hier dient Iphigenie im Tempel der Diana, die auf der Insel verehrt wird.</td></tr>
<tr><td>Troja</td><td>Stadt, die von den Griechen unter dem Heerführer Agamemnon belagert und schließlich eingenommen wurde</td></tr>
<tr><td>Delphi</td><td>Nach Delphi soll Orest nach der Weissagung Apolls „seine Schwester“ bringen.</td></tr>
</table>
</td></tr>
<tr><td>Phase 2
= UAB 5,
Aufgabe 1</td><td>Das Bild thematisiert die Ermordung Agamemnons durch Klytämnestra. Orest berichtet in III,1, er sei von seiner Schwester Elektra dadurch zur Rache angestachelt worden, dass sie ihn an den Schauplatz des Verbrechens führte, „Wo eine alte leichte Spur des frech / Vergossnenen Blutes oft gewaschnen Boden / Mit blassen ahndungsvollen Streifen färbte.“ (V. 1027 ff.), und sie ihm „jeden Umstand der verruchten Tat“ (V. 1031) schilderte, sie ihm also die Tat bildhaft machte.</td></tr>
<tr><td>Phase 3
= UAB 5,
Aufgabe 2</td><td>Orest möchte gegenüber der Priesterin, in der er eine „große Seele“ (V. 1076) erkennt, nicht lügen. Zuvor hat Iphigenie schon darauf hingewiesen, dass den vermeintlich Unbekannten ebenfalls einen Brudermord bedrücke, also eine Parallele zu Orest bestehe.</td></tr>
<tr><td>Phase 4
= UAB 5,
Aufgabe 3</td><td>Tafelanschrieb
<table>
<tr><th></th><th>Iphigenie</th><th>Orest</th></tr>
<tr><td>emotionaler Zustand</td><td>ist in euphorisch-glücklicher Stimmung (mehrfach ist in diesem Auftritt von „Glück“ die Rede)</td><td>wird innerlich noch immer von der Todesvorstellung gefangen gehalten</td></tr>
<tr><td>Annahme über die Folgen der Wiederbegegnung</td><td>erhofft sich Hilfe von den Göttern (vgl. V. 1166 f.) und beschwört so Orest: „Du wirst nicht untergehn!“ (V. 1180)</td><td>sieht in der Begegnung einen weiteren Mosaikstein des Fluches, da seine Schwester nun ja für seinen Tod verantwortlich wäre (ein weiterer Brudermord also, vgl. V. 1228 f.)</td></tr>
</table>
</td></tr>
</table>

1. Vergleichen Sie die folgenden Textfassungen der *Iphigenie* mit Ihrem Lesetext (V. 1039–1070). Beschreiben Sie jeweils die Sprachform stichwortartig.

Fassung von 1779

Iphigenie Unsterbliche auf euren reinen Wolcken habt ihr nur darum diese Jahre her von Menschen mich gesondert und die kindliche Beschäftigung, auf dem Altar das reine Feuer zu erhalten mir aufgetragen, und meine Seele diesem Feuer gleich in ew'ger Klarheit zu euch aufgezogen, daß ich so spät die schwehre Thaten erfahren soll. O sag' mir vom Unglücklichen, sag' von Oresten!

Orest Es wär' ihm wohl, wenn man von seinem Tode auch sagen könnte. Wie gährend stieg aus der erschlagenen Blut der Mutter Geist und ruft den alten Töchtern der Nacht, die auf den Mord der Blutsverwandten die hergebrachten Rechte wie ein hungrig Heer von Geiern rastlos verfolgen, sie ruft sie auf und die alten Schreckniße, der Zweifel und die Reue und die zu spät sich ewig in sich selbst verzehrende und nährende Betrachtung und Ueberlegung der That, die schon gethan ist, steigen wie ein Dampf vom Acheron vor ihnen auf, und nun berechtigt zum Verderben treten sie den schönen Boden der Gottbesäten Erde wovon sie längst hinweggebannt sind. Den Flüchtigen verfolgt ihr schneller Fuß und geben keine Rast, als wieder neu zu schröken.

Fassung von 1780

Iphigenie unsterbliche! auf Euren Wolken
Habt ihr nur darum diese Jahre her
von Menschen mich gesondert!
und die kindliche Beschäftigung
Auf dem Altar das reine Feuer zu erhalten
Mir aufgetragen,
und meine Seele diesem Feuer gleich
In ew'ger Klarheit zu Euch aufgezogen,
Daß ich so spät die schweeren Thaten
Erfahren soll.
O sag mir vom unglücklichen!
Sag von Oresten!
Orest Es wär' ihm wohl,
Wenn man von seinem Tod' auch sagen könnte!
Wie gährend stieg aus der Erschlagenen Blut
der Mutter Geist
und ruft den alten Töchtern der Nacht
die auf den Mord der Blutsverwandten
die hergebrachten Rechte
wie ein hungrig Heer von Geyern rastlos verfolgen.
Sie ruft sie auf
und die alten Schröckniße;
der Zweifel und die Reue – und die zu späth
Sich ewig in sich selbst verzehrende
und nährende Betrachtung und überlegung
der That, die schon gethan ist,
Steigen wie ein Dampf vom Acheron
vor ihnen auf,
und nun berechtigt zum Verderben treten sie
den schönen Boden der Gottbesäten Erde
Wovon sie längst hinweggebannt sind.
Den Flüchtigen verfolgt ihr schneller Fuß;
und geben keine Rast, als wieder neu
zuschröcken.

Fassung von 1781

Iphigenie Unsterbliche auf euren reinen Wolken! habt ihr nur darum diese Jahre her von Menschen mich gesondert, die kindliche Beschäftigung, auf dem Altar das reine Feuer zu erhalten mir aufgetragen, und meine Seele diesem Feuer gleich in ew'ger Klarheit zu euch aufgezogen, daß ich so spät die schwere Thaten erfahren soll. O sag' mir vom Unglücklichen, sag' von Oresten!

Orest Es wär' ihm wohl wenn man von seinem Tode auch sagen könnte. Wie gährend stieg aus der Erschlagenen Blut der Mutter Geist und ruft der Nacht uralten Töchtern zu: Laßt nicht den Muttermörder entfliehn! Verfolgt den Verbrecher, euch ist er geweiht! Sie horchen auf! Ihr hoher Blick schaut mit der Gier des Adlers um sich her. Sie rühren sich in ihren schwarzen Hölen, und aus den Winkeln schleichen ihre Gefährten, der Zweifel und die Reue leis herbey. Ein Dampf vom Acheron vor ihnen herauf, in seinen wolkigen Kreysen wälzt sich die ewige Betrachtung und Ueberlegung der geschehenen That verwirrend um des Schuldigen Haupt. Und sie, berechtigt zum Verderben, treten den schönen Boden der gottbesäten Erde wovon sie längst hinweggebannt sind. Den Flüchtigen verfolgt ihr schneller Fus und geben keine Rast, als wieder neu zu schrecken.

In einem Brief an den Schweizer Philosoph und Schriftsteller Johann Kaspar Lavater (1741–1801) formulierte Goethe treffend sein Anliegen an die sprachliche (Neu-)Gestaltung seiner *Iphigenie*:

> „Meine „Iphigenie“ mag ich nicht gern, wie sie jetzo ist, mehrmals abschreiben lassen und unter die Leute geben, weil ich beschäftigt bin, ihr noch mehr Harmonie im Stil zu verschaffen und also hier und da dran ändere. Sei so gut und sag das denenjenigen zu Entschuldigung, die eine Abschrift davon verlangen. Ich habe es schon öfters abgeschlagen.“ (Brief vom 13. Oktober 1780)

Es ist genau diese „Harmonie im Stil“, die sprachlich das Ideal der Klassik bildet und eine vernünftige Verständigung überhaupt erst ermöglicht. So behauptet zwar Thoas gleich zum Auftakt des Dramas: „Der Skythe setzt ins Reden keinen Vorzug, / Am wenigsten der König.“ (V. 164 f.), der Macht des Wortes erliegt am Ende aber auch er.
Tatsächlich sprechen alle Figuren des Stücks dieselbe Sprache, wodurch sich – wie eben angedeutet – auch Thoas und Arkas als Mitglieder derselben hohen Gesellschaft ausweisen (sie sind also auch sprachlich nicht die „rohen Skythen“, vgl. V. 1937). Allenfalls lässt sich sprachlich eine situationsbedingte Individualität ausmachen, etwa wenn Orests Rede in Auftritt III,2 deutlich emphatischer in ihrem Wahn ausfällt (es gibt hier etwa zahlreiche kürzere, einfache Sätze, Ausrufe und Fragen).

Insgesamt ist die Sprache des Stücks gekennzeichnet durch einen gehobenen Stil: Dies betrifft insbesondere die Wortwahl (in III,2 finden sich etwa gehobene Ausdrücke wie „Erquickung“, „laben“, „Bürde“ oder „zaudern“), die ausgeprägte Metaphorik sowie die oft sehr komplexe Syntax. Kürzere Sätze stellen nicht selten Sentenzen dar, wie etwa: „Frei atmen macht das Leben nicht allein.“ (V. 106), „Du sprichst ein großes Wort gelassen aus.“ (V. 307), „Man spricht vergebens viel, um zu versagen; / Der andre hört vor allem nur das Nein.“ (V. 450 f.), oder erscheinen in Stichomythien (wie etwa in V. 992 ff.).

In der letzten Sprachform seiner *Iphigenie* hat sich Goethe schließlich für den Blankvers (ungereimte fünfhebige Jamben) entschieden, der durch Shakespeare (etwa: „To be, or not to be: that is the question“) populär und – nicht zuletzt in der Folge von Lessings *Nathan der Weise* – zum klassischen deutschen Dramenvers wurde. Allerdings verwendet Goethe den Blankvers nicht durchgängig, metrische Abweichungen erscheinen dann, wie etwa in I,4 oder zu Beginn von IV,1, als besonders auffällig. Hinzu kommt, dass Goethe immer wieder Halbverse (wie etwa in V. 1053: „Der Mutter Geist“) als Mittel der Hervorhebung nutzt. In einem Brief an Herder (vom 31. Januar 1787) bemerkt Goethe dazu: „Einige halbe Verse habe ich gelassen, wo sie vielleicht gut tun, auch einige Veränderungen des Silbenmaßes mit Fleiß angebracht.“ Tatsächlich kann der Blankvers auch recht frei verwendet werden (z. B.: Wegfall der Eingangssenkung, Doppelsenkungen, einzelne Vier- oder Sechsheber), wodurch er dann eine größere Nähe zur Prosa bekommt.

Regieanweisungen setzt Goethe in seiner *Iphigenie* sehr sparsam ein, wodurch den vorhandenen natürlich ein noch größeres Gewicht zukommt, worauf die Schüler ggf. eigens hingewiesen werden sollten.

Voraussetzung: –

benötigte Materialien: –

Unterrichts-phasen	Zeit	Inhalte	didaktisch-methodische Hinweise	Kompetenzen
Phase 1 Einstieg	5	Hinweise zur Entstehung des Dramas	Lehrervortrag	einem mündlichen Vortrag konzentriert folgen, mitschreiben
Phase 2 Sicherung I	10	Einordnung der Verse 1039–1070 in den Kontext der Handlung von Auftritt III,1 (→ UAB 6, Aufgabe 1)	Klassengespräch: Ein Schüler nimmt die Einordnung vor, die Darstellung wird von den Mitschülern ggf. korrigiert bzw. präzisiert. Wichtig ist, dass sich die Schüler vor der sprachlichen Untersuchung den Textinhalt noch einmal bewusst machen.	einen Szenenausschnitt kontextuieren, Informationen zusammenfassen
Phase 3 Sicherung II	8	Besprechung der HA (→ HAB 5, Aufgabe 1)	Klassengespräch (zu den Lösungen von HAB 5, Aufgabe 1 vgl. UE 6, Unterrichtsergebnisse)	literarische Texte sprachlich charakterisieren
Phase 4 Erarbeitung I	10	Hebungen in Blankversen markieren (→ UAB 6, Aufgabe 2)	Einzel- oder Partnerarbeit, anschließend Klassengespräch	ein Metrum erkennen
Phase 5 Erarbeitung II	25	Auftritt III,2 lesen und zusammenfassen (→ UAB 6, Aufgabe 3)	Einzelarbeit, dann Partner- oder Gruppenarbeit: Ein Schüler fasst den Auftritt mündlich zusammen. Hat er die Zusammenfassung beendet, kann der Partner bzw. können die anderen Schüler ggf. inhaltlich ergänzen.	einen literarischen Text zusammenfassen
Phase 6 Erarbeitung III	30	sprachliche Charakterisierung der Auftritte III,2 und III,1 (→ UAB 6, Aufgabe 4)	Partner- oder Gruppenarbeit, anschließend Klassengespräch mit Lehrerhinweisen	Sprache eines literarischen Textes charakterisieren
Phase 7	2	ggf. Hinweise zur Bearbeitung von HAB 6		

1. Ordnen Sie die Verse 1039 bis 1070 in den Kontext der Handlung von Auftritt III,1 ein.

! **MERKE**

Unter einem **Blankvers** versteht man einen fünfhebigen Jambus in reimlosen Versen aus zehn (bei männlichem, d. h. betontem Verschluss) oder elf (bei weiblichem, d. h. unbetontem Verschluss) Silben, z. B.:

O könnte man von seinem Tode sprechen!
Wie gärend stieg aus der Erschlagnen Blut

Der Vers kann dabei auch auf mehrere Sprecher aufgeteilt werden, man spricht in diesem Fall von einer **Antilabe**, z. B.:

Iphigenie *Ich lebe!*
Orest *Du!*
Iphigenie *Mein Bruder!*
Orest *Lass! Hinweg!*

Antilaben sind eine Sonderform der **Stichomythie** (= Zeilenrede, d. h. ein dialogischer Rednerwechsel von Vers zu Vers), die schon in der antiken Tragödie als Stilmittel eingesetzt wurde, um eine angespannte Redesituation zu kennzeichnen (eine nicht antilabische Stichomythie findet sich z. B. in den Versen 92 ff.).

2. Markieren Sie in den folgenden Blankversen die betonten Silben.

Unsterbliche, die ihr den reinen Tag
Auf immer neuen Wolken selig lebet,
Habt ihr nur darum mich so manches Jahr
Von Menschen abgesondert, mich so nah
Bei euch gehalten, mir die kindliche
Beschäftigung, des heil'gen Feuers Glut / …

3. Lesen Sie den Auftritt III,2 und fassen Sie dessen Inhalt mündlich zusammen.

4. Beschreiben Sie die in dem Auftritt verwendete Sprache allgemein (Auffälligkeiten, der Wortwahl, des Stils, des Satzbaus usw.) und vergleichen Sie sie mit der in Auftritt III,1 verwendeten Sprache. Halten Sie Ihre Ergebnisse schriftlich fest, belegen Sie Ihre Darstellung mit Beispielen.

____

____

____

____

____

____

Unterrichts-phasen	Ergebnisse (Erwartungen)
Phase 2 = UAB 6, Aufgabe 1	Iphigenie hat eben erfahren, dass Orest seine Mutter ermordet und dadurch die Ermordung seines Vaters gerächt hat. Dann folgen die Verse 1039 bis 1070. Unmittelbar danach gibt sich Orest zu erkennen.
Phase 3 = HAB 5, Aufgabe 1	Man kann sich hier auf eine knappe Charakterisierung beschränken: • Fassung von 1779: Prosa • Fassung von 1780: freie Jamben • Fassung von 1781: rhythmische Prosa • Fassung von 1786: Blankverse Inhaltliche Verschiebungen müssen von der Lehrkraft nicht angesprochen werden, entsprechende Schülerhinweise können aber selbstverständlich aufgegriffen werden (z. B. der Wechsel des Bildes vom Geier zum Adler, vgl. V. 1058).
Phase 4 = UAB 6, Aufgabe 2	**Tafelanschrieb** Unsterbliche, die ihr den reinen Tag Auf immer neuen Wolken selig lebet, Habt ihr nur darum mich so manches Jahr Von Menschen abgesondert, mich so nah Bei euch gehalten, mir die kindliche Beschäftigung, des heil'gen Feuers Glut / … Es sollte auf den Unterschied zwischen der metrischen und der natürlichen Betonung hingewiesen werden, die etwa in den Reduktionssilben (Unsterbliche, kindliche) nicht zusammenfallen. Am Beispiel „heil`gen" kann der Fachbegriff „Elision" (Auslassung) eingeführt werden.
Phase 5 = UAB 6, Aufgabe 3	Orest hat eine Wahnvorstellung, in der er sich in der Unterwelt ankommen sieht. Er begegnet zunächst seinem Großvater Atreus und dessen Bruder Thyestes, die sich im gemeinsamen Gespräch befinden, dann seinem Vater Agamemnon und die von ihm (Orest) ermordete Mutter Klytämnestra. Als er in den Kreis seiner Vorfahren aufgenommen wird, scheint ihm die Aufhebung des Fluchs und innerer Friede möglich. Doch die unbeantwortet bleibende Frage nach Tantalus und seinem Schicksal in der Unterwelt schürt Orests Zweifel und Ängste wieder.
Phase 6 = UAB 6, Aufgabe 4	Siehe hierzu → UE 6, Hintergrundinformationen Im Zentrum sollten folgende Einsichten stehen: • insgesamt anspruchsvolle, poetische Sprache aller (!) Figuren • stilistisch gehobener Wortschatz • ausgeprägte Metaphorik • komplexe Syntax • Blankvers (mit bewussten Abweichungen wie Halbversen und Rhythmuswechseln) • häufige Sentenzen

1. Lesen Sie den 3. Auftritt des III. Aufzugs aus *Iphigenie auf Tauris* gründlich und fassen Sie ihn mithilfe der Tabelle stichwortartig zusammen.

Sprecher	Wer wird angesprochen?	Inhalt der Rede (zusammengefasst)
Orest V. 1310–1316		
Iphigenie V. 1317–1331		
Pylades V. 1332–1340		
Orest V. 1341–1364		
Pylades V. 1365–1368		

2. Erläutern Sie, wie die Heilung von Orest zu erklären bzw. worauf sie zurückzuführen ist.

Es bietet sich an, die in UE 3 begonnene Beschäftigung mit dem Dramenaufbau nach der Lektüre und Besprechung des III. Aufzugs wieder aufzugreifen und zu vertiefen, wird doch die Orest-Handlung im III. Aufzug zu einem vorläufigen Ende geführt und die Thoas-Handlung aus dem I. Aufzug mit dem IV. Aufzug weiter fortgesetzt (auch wenn Thoas selbst in diesem Aufzug überhaupt nicht auftritt). Durch einen solchen erweiterten Blick auf den Dramenaufbau lässt sich zugleich das Verständnis des bisherigen Handlungsverlaufs sichern.

Ergänzend zum Schülerarbeitsblatt (UAB 7) kann der Blick der Schüler auf zwei weitere Aspekte der Konzeption des Stücks gelenkt werden: zum einen auf die Anlage des Schauspiels als geschlossenem Drama, zum anderen auf die Vermischung analytischer und synthetischer Gestaltungselemente.

Die Forderung des geschlossenen (auch: aristotelischen) Dramas beschränkt sich bekanntlich nicht auf einen linearen und logischen Aufbau mit einem klaren Anfang und einer eindeutigen Lösung sowie einer ausgewogenen Komposition (also dem pyramidalen Aufbau nach dem Fünf-Akt-Schema), sondern verlangt auch nach einer Einheit von Ort, Zeit und Handlung sowie eine Beschränkung auf nur wenige Figuren. All diese Forderungen erfüllt Goethes *Iphigenie auf Tauris* geradezu idealtypisch.
Herausgestellt werden sollte dabei, dass sich das Schauspiel damit auch als Stück der Klassik ausweist und im Gegensatz zu den Dramen des Sturm und Drang steht (dies gilt insbesondere auch für Goethes *Goetz von Berlichingen*).

Keineswegs unklassisch, aber für die Schüler deshalb nicht leichter fassbar, ist die Vermischung analytischer und synthetischer Gestaltungselemente in *Iphigenie auf Tauris*. Gewöhnlich wird unterschieden zwischen synthetischen Dramen einerseits (auch Ziel- oder Entfaltungsdrama), bei denen sich das dramatische Geschehen auf ein bestimmtes und zunächst nicht abzusehendes Ziel und damit auf ein in der Zukunft liegendes Geschehen oder Ereignis hin entwickelt (typisches Beispiel: Friedrich Schillers *Kabale und Liebe*), und analytischen Dramen andererseits (auch Entdeckungs- oder Enthüllungsdrama), die auf ein bestimmtes Ereignis in der Vorgeschichte des dargestellten Geschehens aufbauen, d.h., dass der Dramenverlauf die Voraussetzungen des vorliegenden Zustands und die Entwicklung bis zu diesem Zustand hin aufdeckt (typisches Beispiel: Sophokles' *König Ödipus*).
In *Iphigenie auf Tauris* dominiert zunächst der analytische Anteil. Die Entdeckung der Vergangenheit umfasst große Teile der ersten drei Aufzüge. Insbesondere im II. und III. Aufzug wird dabei zunehmend deutlich, dass es sich hierbei um mehr als um eine bloße Vorgeschichte handelt: Iphigenies Schicksal erscheint durch den Tantalidenfluch vorgezeichnet (d.h., dass sie aufgrund dieses Fluches zur Mörderin ihre Bruders Orest werden muss). In den Aufzügen IV und V dominieren hingegen die synthetischen Teile: Das Geschehen bzw. die Ereignisse sind so zusammengefügt, dass die jeweils früheren Ereignisse Voraussetzungen für die jeweils späteren darstellen. Insbesondere gelingt es Iphigenie, durch ihren Willen zum sittlichen Handeln die Kette der tragischen Ereignisse abreißen zu lassen.

Voraussetzung: –

benötigte Materialien: –

Unterrichts-phasen	Zeit	Inhalte	didaktisch-methodische Hinweise	Kompetenzen
Phase 1 Sicherung	8	Besprechung der HA: Auftritt III,3 (→ HAB 6, Aufgaben 1 und 2)	Unterrichtsgespräch (zu den Lösungen von HAB 6, Aufgaben 1 und 2 vgl. ◎)	einen literarischen Text inhaltlich erschließen und zusammenfassen
Phase 2 Erarbeitung I	20	Anlage nach dem Fünf-Akt-Schema untersuchen (→ UAB 7, Aufgabe 1)	Gruppenarbeit, anschließend Klassengespräch Die Schüler sollten zunächst den Merke-Kasten lesen und ggf. Verständnisfragen stellen können.	die Komposition eines literarischen Textes erfassen und benennen
Phase 3 Erarbeitung II	10	Hinweise zur Gestaltung des Dramas: geschlossene Form, Vermischung analytischer und synthetischer Gestaltungselemente	Lehrervortrag	einem mündlichen Vortrag konzentriert folgen, mitschreiben
Phase 4 Erarbeitung III	30	Situation der Hauptfiguren erfassen (→ UAB 7, Aufgabe 2)	Einzel- oder Partnerarbeit, anschließend Klassengespräch Für diesen Schritt sollte genügend Zeit eingeplant werden, damit die Schüler ggf. noch einmal Auftritt I,3 lesen können.	Handlungssituationen erfassen
Phase 5 Sicherung/ Transfer	20	begründete Vermutungen über den weiteren Handlungsverlauf anstellen (→ UAB 7, Aufgabe 3)	Einzel- oder Partnerarbeit, anschließend Klassengespräch	einen Handlungsverlauf antizipieren, sich sachbezogen austauschen
Phase 6	2	ggf. Hinweise zur Bearbeitung von HAB 7		

! MERKE

Dramen sind oft nach einem **Fünf-Akt-Schema** konzipiert, bei dem folgende Handlungselemente den Akten zugeordnet sind:

- **Akt I = Exposition** (Protase): Die handelnden Personen werden eingeführt, der dramatische Konflikt kündigt sich an. Ggf. wird die Vorgeschichte dargestellt.
- **Akt II = steigende Handlung** (Komplikation, Epitase): Der Konflikt entwickelt sich (oft mehrstufig) in der Regel durch ein sogenanntes „erregendes Moment“ (Katastase).
- **Akt III = Höhepunkt** (Klimax): Der Konflikt kommt zum Ausbruch, seine Unlösbarkeit markiert den entscheidenden Wendepunkt (Peripetie) im Schicksal einer Figur bzw. im Verlauf des Dramas.
- **Akt IV = fallende Handlung**: Die Handlung wird zum scheinbar unvermeidlichen Schluss geführt. Oft wird die Katastrophe durch ein „retardierendes Moment“ (z. B. Hoffnung auf eine Lösung des Konflikts) hinausgezögert, das zugleich die Spannung steigert.
- **Akt V = Katastrophe** (bzw. Lösung = Lysis, Dénouement): Der Handlungskonflikt führt entweder zum Untergang des Helden (bzw. zu einer schlimmen Folge für die Figuren) oder alle Konflikte werden gelöst und die Handelnden sind geläutert.

1. Konkretisieren Sie stichwortartig, wie in der *Iphigenie auf Tauris* die ersten drei Aufzüge (Akte) angelegt sind.

I. Aufzug **Exposition**	
II. Aufzug **steigende Handlung**	
III. Aufzug **Höhepunkt und Peripetie**	

2. Fassen Sie jeweils kurz zusammen, in welcher Situation sich die drei wichtigsten Figuren am Ende des III. Aufzugs befinden.

Iphigenie	
Orest	
Thoas	

3. Entwickeln Sie begründete Ideen über den möglichen Fortgang des Stücks. Stellen Sie sich Ihre Ideen gegenseitig vor und diskutieren Sie, wie wahrscheinlich sie sind.

Unterrichtsphasen	Ergebnisse (Erwartungen)
Phase 2 = UAB 7, Aufgabe 1	**Tafelanschrieb** I. Aufzug – Exposition: Einführung der Hauptfigur, Beginn der Darstellung der Vorgeschichte, Hinführung zum dramatischen Konflikt (unerwünschte Heirat mit Thoas oder Ende des humanitären Wirkens) II. Aufzug – steigende Handlung: weitere Erhellung der Vorgeschichte und Iphigenies Betroffenheit über das Schicksal der Ihren, Iphigenie lernt ihre „Opfer" kennen, mögliche Rettung durch Erfüllung von Apolls Auftrag III. Aufzug – Höhepunkt und Peripetie: Darstellung der Vorgeschichte ist abgeschlossen, Wiedererkennen der Geschwister (Iphigenie wäre also eine Brudermörderin), Orests Heilung und damit Hoffnung auf Beistand durch die Götter
Phase 4 = UAB 7, Aufgabe 2	**Tafelanschrieb** Iphigenie: hat ihren Bruder Orest wiedergefunden und weiß ihn vom Fluch der Eumeniden befreit, steht aber noch immer vor dem Problem, entweder Thoas heiraten zu müssen oder ihr humanitäres Wirken nicht fortsetzen zu können und zusätzlich das Leben ihres Bruders Orest (und Pylades) zu gefährden Orest: ist vom Wahnsinn erlöst, ist aber (wie Pylades) nach wie vor von der Opferung bedroht Thoas: keine Veränderung zum I. Aufzug (er weiß ja noch nicht, dass einer der Fremden Iphigenies Bruder ist)
Phase 5 = UAB 7, Aufgabe 3	Mögliche präzisierende bzw. weiterführende Fragen könnten sein: • Wird der Auftrag von Apoll (vgl. V. 723 ff.) richtig gedeutet? • Wie könnte er noch gedeutet werden? • Kann Iphigenie das Fluchtvorhaben, das ja zugleich das Ende ihres humanitären Wirkens auf Tauris bedeuten würde, mit ihrem Gewissen bzw. ihrem Selbstverständnis vereinbaren? • Wird das Bild der Diana geraubt? Welche Rolle könnte Iphigenie als Priesterin dabei spielen? • Welche Rolle könnte Thoas im weiteren Handlungsverlauf spielen? • Kommt es zu einem Fluchtversuch und wird er gelingen? • Welche Alternativen zur Flucht gibt es? • Wie könnte eine ideale Lösung aussehen, die alle Beteiligten zufrieden stellt?

1. Lesen Sie den 1. Auftritt des IV. Aufzugs und fassen Sie schriftlich zusammen, welche Haltung Iphigenies darin deutlich wird. Nutzen Sie die Möglichkeit, aus dem Text zu zitieren.

! MERKE

Das **Zitieren** ist eine zentrale Technik des sachlichen Schreibens. Wer richtig zitiert, zeigt damit zugleich, dass er sorgfältig mit Texten umgehen kann und das geistige Eigentum anderer respektiert. Man unterscheidet drei Hauptformen:

- wörtliches Zitat (in Form der direkten Rede)
- indirektes Zitat (in Form der indirekten Rede)
- Redeverweis (in Form der Paraphrase, durch die deutlich wird, dass und was jemand gesagt hat)

Vor allem in publizistischen Texten kommt es oft auch zu Verschmelzungen der Formen, dies sollte in Interpretations- und Analysearbeiten jedoch vermieden werden.

Für **das wörtliche Zitat** gilt:

- Wörtlich übernommene Äußerungen werden, unter Angabe der Quelle, in Anführungszeichen wiedergegeben: *„O weh der Lüge! Sie befreiet nicht, / Wie jedes andre wahr gesprochne Wort, / Die Brust;" (Goethe: Iphigenie, V. 1405 ff.)*
- Ergänzungen und Umstellungen werden durch eckige Klammern gekennzeichnet: *Iphigenie erkennt, dass die Lüge „nicht, / Wie jedes andre wahr gesprochne Wort, / Die Brust [befreiet]". (Goethe: Iphigenie, V. 1405 ff.).*
- Auslassungen werden durch drei Punkte (oft ebenfalls in eckigen Klammern) angezeigt: *Iphigenie erkennt, dass die „Lüge [...] nicht, / [...] / Die Brust [befreie]". (Goethe: Iphigenie, V. 1405 ff.).*
- Einzelne Wörter oder Wendungen können auch ohne Auslassungshinweise übernommen werden: *Iphigenie wird bewusst, dass Pylades` Fluchtplan nur auf „Lüge" (vgl. V. 1405) beruht.*

Für **das indirekte Zitat** gilt:

- Vor allem in nicht-publizistischen Texten erfolgt die Kennzeichnung wie in der indirekten Rede, d. h. mit einem redeeinleitenden Wort („sagen", „behaupten", „fragen", „feststellen" usw.), einem Satzanschluss (meist „dass", „ob" oder Fragepronomen) und / oder dem Prädikat im Konjunktiv I (bzw. einer Ersatzform).
- Auch für indirekte Zitate gilt, dass dort, wo es sinnvoll ist, Quellenangaben gemacht werden sollten.

Das Wort **Paraphrase** bedeutet „Umschreibung". Allgemein gilt, dass man stets in standardsprachlichen Sätzen paraphrasieren sollte, Wörter bzw. Ausdrücke oder Sätze, die stilistisch über oder unter dem Standard liegen, sollten also besser wörtlich zitiert und entsprechend als Zitat gekennzeichnet werden. Grundsätzliche Möglichkeiten der Paraphrase sind:

- Ersetzung eines Begriffs durch einen anschaulicheren, bildhafteren
- Ersetzung eines Begriffs durch einen allgemeineren oder spezifischeren
- Ersetzung eines Begriffs durch ein (partielles) Synonym (auch in Form eines Fachbegriffs oder eines Fremdworts)

2. Lesen Sie vorbereitend auf die nächste Stunde gründlich den 2. Auftritt des IV. Aufzugs aus *Iphigenie auf Tauris.*

Der IV. Aufzug ist auf die Figur der Iphigenie und ihre innere Wandlung konzentriert und dabei streng symmetrisch aufgebaut: Die beiden dialogischen Auseinandersetzungen, zunächst mit Arkas (Auftritt IV,2), dann mit Pylades (Auftritt IV,4), sind gleichsam – und hierin zeigt sich eine Analogie zum I. Aufzug – eingerahmt von Monologen:

Monolog (IV,3)

Dialog (IV,2) Dialog (IV,4)

Monolog (IV,1) Monolog (IV,5)

Der erste Monolog wird mit freien Hymnenversen begonnen und der letzte Monolog mit zweihebigen Liedversen beendet, wodurch die Symmetrie noch verstärkt wird. Zugleich bedeuten diese metrischen Wechsel aber auch Zäsuren (vergleichbar dem Übergang zwischen dem I. und II. Aufzug, der durch einen metrischen Wechsel im Auftritt I,4 gekennzeichnet ist), die an die chorischen Passagen im antiken Drama erinnern, wo der Auftritt des Chores ebenfalls mit einem metrischen Wechsel einherging.

Der IV. Aufzug zeigt weiter auch eine Parallele zum II. Aufzug: Hier wie dort sind Lüge und Verstellung die zentralen Themen, sodass sich im Kontrast zu den Aufzügen III und V, die ganz im Zeichen der Wahrheit stehen, eine weitere Symmetrie in der Komposition des Schauspiels ergibt:

Lüge	Wahrheit
II. Aufzug	III. Aufzug
IV. Aufzug	V. Aufzug

Inhaltlich knüpft der Auftritt IV,1 zunächst an die Geschehnisse des III. Aufzugs an: Iphigenie preist die Tatkraft und Klugheit von Pylades, dessen Ankunft sie als Hilfe der Götter deutet. Es wird sodann der genaue Plan enthüllt: Das Schiff, mit dem Orest und Pylades nach Tauris gekommen sind, wird zur Flucht vorbereitet. König Thoas soll von Iphigenie getäuscht werden, und zwar durch „kluges Wort" (V. 1398), in dem Iphigenie dann aber doch klar die „Lüge" sieht (vgl. „O weh der Lüge!", V. 1405).
Gleichwohl verhält sich Iphigenie in Auftritt IV,2 gegenüber Arkas so, wie es der Plan des Pylades vorsieht, und gibt vor, das Bild der Göttin müsse, entheiligt durch die Gegenwart des von den Furien verfolgten Orest, zunächst im Meer gereinigt werden. Arkas möchte für dieses „heil'ge Werk" zunächst die Erlaubnis von Thoas einholen. Iphigenie willigt nach einem kurzen Disput schließlich ein. Außerdem drängt Arkas Iphigenie erneut, auf die Werbung von Thoas einzugehen (vgl. „O wende nicht von uns, was du vermagst!", V. 1475).
Im 3. Auftritt schließlich fasst Iphigenie ihre Situation zusammen. War sie zunächst durch die Freude, mit Orest vereint zu sein, nur auf Rettung aus (vgl. „Ich horchte nur auf seines Freundes Rat;/Nur sie zu retten, drang die Seele vorwärts.", V. 1518 f.), hat Arkas sie durch seine Worte an ihr humanitäres Werk (vgl. „dass ich auch Menschen hier verlasse", V. 1524) erinnert: „Doppelt wird mir der Betrug/Verhasst." (V. 1525 f.)

Voraussetzung: Auftritt IV,2 ist gelesen worden

benötigte Materialien: –

Unterrichts-phasen	Zeit	Inhalte	didaktisch-methodische Hinweise	Kompetenzen
Phase 1 Sicherung I	18	Besprechung der HA: Auftritt IV,1 (→ HAB 7, Aufgabe 1)	Partnerarbeit, Unterrichtsgespräch Es steht das richtige Zitieren im Vordergrund, die Überprüfung könnte gegenseitig durch die Schüler erfolgen. (zur inhaltlichen Lösung von HAB 7, Aufgabe 1 vgl. UE 7, Hintergrundinformationen)	einen literarischen Text zusammenfassen
Phase 2 Sicherung II	10	Einordnen eines Ausschnitts in den Gesamtzusammenhang des Auftritts (→ UAB 8, Aufgabe 1)	Einzelarbeit (Lektüre des Ausschnitts V. 1441 – 1467), anschließend Klassengespräch	einen literarischen Text zusammenfassen und kontextuieren
Phase 3 Erarbeitung I	20	(sprachliches) Erschließen von Auftritt IV,2: Dialog Iphigenie und Arkas (→ UAB 8, Aufgabe 2)	Einzel- oder Partnerarbeit, anschließend Klassengespräch Die Aufgabe soll zum einen die Schüler für sprachliche Besonderheiten sensibilisieren, zum anderen bereitet sie die nachfolgende Aufgabe 3 vor.	einen literarischen Text (sprachlich) erschließen
Phase 4 Erarbeitung II / Transfer	40	produktives Erschließen von Auftritt IV,2 (→ UAB 8, Aufgabe 3)		einen literarischen Text produktiv erschließen, einen Text szenisch lesen
Phase 5	2	ggf. Hinweise zur Bearbeitung von HAB 8		

1. Ordnen Sie den folgenden Ausschnitt in den Gesamtzusammenhang des Auftritts IV,2 ein. Lassen Sie dabei die mittlere Spalte zunächst unbeachtet.

Arkas		Ich melde dieses neue Hindernis Dem Könige geschwind; beginne du Das heil'ge Werk nicht eh', bis er's erlaubt.
Iphigenie		Dies ist allein der Priestrin überlassen.
Arkas		Solch seltnen Fall soll auch der König wissen.
Iphigenie		Sein Rat wie sein Befehl verändert nichts.
Arkas		Oft wird der Mächtige zum Schein gefragt.
Iphigenie		Erdringe nicht, was ich versagen sollte.
Arkas		Versage nicht, was gut und nützlich ist.
Iphigenie		Ich gebe nach, wenn du nicht säumen willst.
Arkas		Schnell bin ich mit der Nachricht in dem Lager. Und schnell mit seinen Worten hier zurück. O könnt' ich ihm noch eine Botschaft bringen, Die alles löste, was uns jetzt verwirrt: Denn du hast nicht des Treuen Rat geachtet.
Iphigenie		Was ich vermochte, hab ich gern getan.
Arkas		Noch änderst du den Sinn zur rechten Zeit.
Iphigenie		Das steht nun einmal nicht in unsrer Macht.
Arkas		Du hältst unmöglich, was dir Mühe kostet.
Iphigenie		Dir scheint es möglich, weil der Wunsch dich trügt.
Arkas		Willst du denn alles so gelassen wagen?
Iphigenie		Ich hab es in der Götter Hand gelegt.
Arkas		Sie pflegen Menschen menschlich zu erretten.
Iphigenie		Auf ihren Fingerzeig kömmt alles an.
Arkas		Ich sage dir, es liegt in deiner Hand. Des Königs aufgebrachter Sinn allein Bereitet diesen Fremden bittern Tod.

2. Untersuchen Sie den vorliegenden Ausschnitt (V. 1441 – 1467) aus dem Auftritt IV,2 genauer:
   - Charakterisieren Sie die Art des Gesprächs. Beachten Sie hierbei, wie das Gespräch geführt wird und warum.
   - Beschreiben Sie die sprachliche Form des Dialogs. Beachten Sie in diesem Zusammenhang, wie die Sätze jeweils miteinander verknüpft sind.

3. Entwickeln Sie in Gruppen Vorschläge dazu, wie dieser Szenenausschnitt gesprochen (und gespielt) werden könnte. Formulieren Sie Ihre Vorschläge als Regieanweisungen hinter die Figurennamen in die mittlere Spalte.

4. **Weiterführende Aufgabe:** Übertragen Sie zu zweit den gesamten Auftritt IV,2 in Gegenwartsdeutsch (Standardsprache). Tragen Sie Ihre Übertragung als szenische Lesung vor oder führen Sie sie szenisch auf.

<table>
<tr><th>Unterrichts-
phasen</th><th>Ergebnisse (Erwartungen)</th></tr>
<tr><td>Phase 2
= UAB 8,
Aufgabe 1</td><td>Der Ausschnitt steht zwischen der Lüge Iphigenies (sie hat behauptet, das Bild der Göttin müsse zunächst im Meer gereinigt werden, da es durch die Gegenwart des von den Furien verfolgten Orest entheiligt worden sei) und des eindringlichen Appells Arkas' (vgl. „O wende nicht von uns, was du vermagst!“, V. 1475), der Iphigenie zwar berührt, den sie aber gleichwohl zurückweist, weil „der Edle, was sich nicht geziemt, / Statt meines Dankes mich erwerben will“ (V. 1495 f.).</td></tr>
<tr><td>Phase 3
= UAB 8,
Aufgabe 2</td><td>Gesprächsart<ul><li>Kontroverse (Streit): Auch wenn Iphigenie im Falle der Benachrichtigung des Königs nachgibt (vgl. „Ich gebe nach, wenn du nicht säumen willst.“), so bleibt sie doch anderer Meinung als Arkas. Dies gilt für den zweiten Gesprächsteil (Bitte bzw. Weigerung, Thoas zu heiraten) ohnehin.</li><li>kooperativ: Trotz ihrer kontroversen Haltung bleiben beide Gesprächspartner kooperativ, d. h. sie gehen aufeinander ein, bleiben sachlich, sprechen nicht weitschweifig oder auf andere Weise unklar und finden, im Falle der Benachrichtigung des Königs, sogar einen Kompromiss. Achtung: Nichtkooperativ ist dagegen natürlich die Lüge Iphigenies, die aber auf die Art der Gesprächsführung keinen Einfluss hat.</li><li>engagiert: Trotz aller Kooperation wird das Gespräch sehr engagiert und mit großer innerer Beteiligung geführt. Äußeres Zeichen hierfür sind die schnellen Wechselreden (Stichomythien).</li></ul>Sprache<ul><li>Blankverse</li><li>gehobene Sprache mit allerdings nur einer komplexeren Satzstruktur (vgl. „O könnt' ich ihm noch eine Botschaft bringen, / Die alles löste, was uns jetzt verwirrt: / Denn du hast nicht des Treuen Rat geachtet.“)</li><li>wegen der Kürze häufige Verwendung von rückverweisenden Pronomen (z. B. „<u>Dies</u> ist allein der Priestrin überlassen. / <u>Solch</u> seltnen Fall soll auch der König wissen.“)</li><li>direkte lexikalische Übernahmen, die das Engagement der Sprecher unterstreichen („Erdringe nicht, was ich <u>versagen</u> sollte. / <u>Versage</u> nicht, was gut und nützlich ist.“ – „Du hältst un<u>möglich</u>, was dir Mühe kostet. / Dir scheint es <u>möglich</u>, weil der Wunsch dich trügt.“ – „Ich hab es in der Götter <u>Hand</u> gelegt. / […] / Ich sage dir, es liegt in deiner <u>Hand</u>.“)</li><li>Distanzierung durch Vermeidung persönlicher bzw. ichbezogener Aussagen (vgl. „Oft wird der Mächtige zum Schein gefragt.“, „Das steht nun einmal nicht in unsrer Macht.“)</li><li>Eingängigkeit der Rede, vor allem durch Wiederholungen (z. B. „<u>Schnell</u> bin ich mit der Nachricht in dem Lager. / Und <u>schnell</u> mit seinen Worten hier zurück.“ – „Sie pflegen <u>Menschen</u> <u>menschlich</u> zu erretten.“)</li></ul></td></tr>
<tr><td>Phase 4
= UAB 8,
Aufgabe 3</td><td>Wichtig ist hier natürlich, dass die Schüler ihre Arbeitsergebnisse aus Phase 3 in die Arbeit einfließen lassen – indem etwa die pointierte Redeweise durch entsprechende Betonungen markiert wird oder die Kooperation durch einen ruhigen, nicht zu lauten Ton zum Ausdruck gebracht wird.</td></tr>
</table>

1. Verfassen Sie eine schriftliche Analyse von Auftritt IV,2. Ergänzen Sie dazu zunächst die folgende Übersicht, die Ihnen dann als Schreibplan dienen kann.

Einleitung	• endgültige Fassung von 1787
Hauptteil	• vorausgegangene Ereignisse, die für das Verständnis der Szene wichtig sind: • Szeneninhalt: • Verlauf des Gesprächs / Absichten der Beteiligten und deren sprachliche / rhetorische Umsetzung:
Schluss	• Iphigenie ist von dem Appell Arkas' (vgl. „O wende nicht von uns, was du vermagst!", V. 1475) erkennbar bewegt.

! **MERKE**

Bei der **schriftlichen Analyse einer Dramenszene** sollten grundsätzlich – d. h. unabhängig von einer konkreten Aufgabenstellung – folgende Aspekte berücksichtigt werden:

- **Beschreibung des Gesamtwerks:** Titel, Autor, Entstehungszeit, Hauptthemen, wichtige Personen, ggf. literaturgeschichtliche Einordnung
- **formale Beschreibung der Szene:** Umfang der Szene, Ort und Zeit der Handlung, beteiligte Personen (auch stumme), Besonderheiten (wie längere Monologe, eingeschobene Berichte, besondere Regieeffekte usw.)
- **Einordnung der Szene** in die Handlung des Stücks sowie die Bedeutung der Szene für die Aussage des Stücks
- **Inhalt und Thema der Szene:** Was geschieht (ggf. mit inhaltlicher Gliederung)? Welche Konflikte werden deutlich bzw. gelöst?
- **Beschreibung der Figuren:** Wie verhalten sich die Figuren zueinander? Welche Absichten haben sie bzw. welche Ziele verfolgen sie? Mit welchen sprachlichen (rhetorischen) Mitteln (Redestrategien) setzen sie ihre Absichten bzw. Ziele um? Wie verändert sich ihre Einstellung?
- **sprachliche bzw. stilistische Besonderheiten:** z. B. rhetorische Figuren, sprachliche Bilder, besondere Sprachhandlungen wie bitten, versprechen, befehlen

2. Lesen Sie vorbereitend auf die nächste Stunde gründlich die Auftritte IV,3 und IV,4 von *Iphigenie auf Tauris*.

Der 4. Auftritt des IV. Aufzugs ist in doppelter Hinsicht bedeutsam: Zum einen spitzt sich hier Iphigenies Konfliktsituation noch einmal zu, zum anderen zeigt sich hier Pylades als ihr wahrer Gegenspieler.

Iphigenies Konfliktsituation erfährt in der Gesamthandlung verschiedene Ausprägungen. Zunächst steht Iphigenie vor der Wahl, entweder Thoas` Werben nachzugeben oder zur Mörderin (vgl. V. 552) zu werden. Dieser Konflikt verschärft sich durch das Wissen, durch den Vollzug der Opferhandlung den eigenen Bruder zu töten. Die Möglichkeit zur Flucht, die sich durch Pylades auftut, verlagert dagegen den Konflikt: Wenn Iphigenie fliehen will, ist dies nur durch Betrug bzw. Lüge (vgl. „O weh der Lüge!“, V. 1405) möglich, außerdem wäre nach wie vor ihr Humanisierungswerk auf Tauris zerstört (vgl. „O wende nicht von uns, was du vermagst!“, V. 1475), sodass sie sagt: „Doppelt wird mir der Betrug / Verhasst!“ (V. 1525 f.). Dieser innere Widerwille verstärkt sich in IV,4 noch dadurch, dass Iphigenie diesen Betrug als „tückisch“ erkennt, betrifft er doch den „König, der mein zweiter Vater ward“ (vgl. V. 1642).
Pylades zeigt sich in dieser Situation als Vertreter einer Zweckethik, indem er letztlich die Möglichkeit des sittlichen Handelns in allen Situationen verneint (vgl. „Dass keiner in sich selbst, noch mit den andern / Sich rein und unverworren halten kann.“, V. 1658 f.) und sich für das kleinere Übel entscheidet: „Den Bruder, dich und einen Freund zu retten, / Ist nur *ein* Weg; fragt sich's, ob wir ihn gehen?“ (V. 1667 f.)

Dieser rhetorischen Frage kann eine rhetorische Frage aus Immanuel Kants *Kritik der praktischen Vernunft* (1788) entgegengestellt werden:

> „Hat nicht jeder auch nur mittelmäßig ehrliche Mann bisweilen gefunden, dass er eine sonst unschädliche Lüge, dadurch er sich entweder selbst aus einem verdrießlichen Handel ziehen, oder wohl gar einem geliebten und verdienstvollen Freunde Nutzen verschaffen konnte, bloß darum unterließ, um sich im Geheimen in seinen eigenen Augen nicht verachten zu dürfen?“

Der Grund, weshalb dies nach Kant so ist, liegt darin, dass der Mensch

> „das Subjekt des moralischen Gesetzes [ist], welches heilig ist, vermöge der Autonomie seiner Freiheit. Eben um dieser willen ist jeder Wille, selbst jeder Person ihr eigener, auf sie selbst gerichteter Wille, auf die Bedingung der Einstimmung mit der Autonomie des vernünftigen Wesens eingeschränkt, es nämlich keiner Absicht zu unterwerfen, die nicht nach einem Gesetze, welches aus dem Willen des leidenden Subjektes selbst entspringen könnte, möglich ist; also dieses niemals bloß ein Mittel, sondern zugleich selbst als Zweck zu gebrauchen.“

„Autonomie“ nach Kant ist also autonome Moral, d. h. der von jeder Fremdbestimmung freie Willen, der durch die Vernunft legitimiert ist. Das autonome Handeln ist damit der Garant dafür, dass der seinem eigenen Gesetz folgende Wille zugleich allgemein handelt (womit zugleich ein Kerngedanke der Aufklärung formuliert ist).

Iphigenie hat diese Autonomie noch nicht, sondern muss sie erst in bzw. durch ihren Konflikt erlangen, und zwar dadurch, dass sie sich in ihrem Handeln dem Humanitätsideal unterwirft und sich für die Wahrheit (d. h. gegen Lüge, Raub und Undankbarkeit) entscheidet. Man beachte, dass Thoas (Ehe) und Pylades (Fluchtplan) Iphigenie dagegen als „Mittel“ benutzen wollen.

Voraussetzung: Auftritte IV,3 und IV,4 sind gelesen worden

benötigte Materialien: –

Unterrichts-phasen	Zeit	Inhalte	didaktisch-methodische Hinweise	Kompetenzen
Phase 1 Sicherung I	18	Besprechung der schriftlichen Analyse von Auftritt IV,2 (→ HAB 8, Aufgabe 1)	Unterrichtsgespräch Die Schüler lesen ihre Arbeiten gegenseitig und machen sich jeweils konkrete Verbesserungsvorschläge. Alternativ können zwei Schüler ihre Arbeiten vorlesen, die danach konstruktiv bewertet werden. (Anmerkungen zu HAB 8, Aufgabe 1 vgl. ◎)	Texte bewerten und überarbeiten
Phase 2 Sicherung II	10	Besprechung HA: mündliche Zusammenfassung des Auftritts IV,3 (→ HAB 8, Aufgabe 2)	Unterrichtsgespräch Ein Schüler fasst den Auftritt mündlich zusammen, hat er die Zusammenfassung beendet, können die anderen Schüler ggf. inhaltlich ergänzen.	Texte mündlich zusammenfassen
Phase 3 Sicherung III / Erarbeitung I	20	Auftritt IV,4 gliedern und zusammenfassen (→ UAB 9, Aufgabe 1)	Partner- oder Gruppenarbeit, anschließend Klassengespräch	einen literarischen Text gliedern und zusammenfassen
Phase 4 Erarbeitung II	20	Positionen und Beweggründe von Iphigenie und Pylades erschließen (→ UAB 9, Aufgabe 2)	Partner- oder Gruppenarbeit, anschließend Klassengespräch	Handlungsmotivation von literarischen Figuren erschließen
Phase 5 Transfer	20	Diskussion von Pylades Pragmatismus (→ UAB 9, Aufgabe 3)	Klassendiskussion Zur Vorbereitung könnte jeder Schüler ein kurzes Statement verfassen. In jedem Fall sollte den Schülern etwas Zeit zur Positionsfindung und Beispielsuche gegeben werden.	sich sach- und adressatengerecht austauschen, begründet Stellung beziehen
Phase 6	2	ggf. Hinweise zur Bearbeitung von HAB 9		

1. Gliedern Sie den Auftritt IV,4 in drei Abschnitte und fassen Sie den Inhalt dieser Abschnitte jeweils kurz zusammen.

Abschnitte	Inhalt (zusammengefasst)

2. Stellen Sie die Positionen und Beweggründe von Iphigenie und Pylades, wie sie sich in Auftritt IV,3 zeigen, stichwortartig gegenüber.

Beweggründe von Iphigenie	Beweggründe von Pylades

3. Diskutieren Sie die Position von Pylades: Heiligt der Zweck die Mittel? Begründen Sie Ihre Position. Beziehen Sie dazu auch Beispiele aus Ihrer Lebenswelt bzw. persönliche Erfahrungen mit ein.

<table>
<tr><th>Unterrichts-
phasen</th><th>Ergebnisse (Erwartungen)</th></tr>
<tr><td>Phase 1
= HAB 8,
Aufgabe 1</td><td>(zu den Inhalten der Schreibaufgabe vgl. Hinweise auf ◎)
Zentraler als der Inhalt ist dabei das Schreiben an sich, v.a. klare Gliederung, roter Faden, nachvollziehbare Argumentation bzw. Darstellung, korrekte Zitierweise.</td></tr>
<tr><td>Phase 3
= UAB 9,
Aufgabe 1</td><td>Tafelanschrieb
<table>
<tr><th>Abschnitte</th><th>Inhalt (zusammengefasst)</th></tr>
<tr><td>V. 1532–
V. 1565</td><td>Pylades bringt die „frohe Botschaft“ der Rettung: Orest ist vollständig genesen und voller Tatkraft, das Schiff mit den Gefährten ist gefunden. Alle stehen zur Flucht bereit. Pylades will in den Tempel, um das Diana-Bild zu holen, als er Iphigenies Zögern bemerkt.</td></tr>
<tr><td>V. 1566–
V. 1632</td><td>Iphigenie setzt Pylades davon in Kenntnis, dass der König über die Reinigung des Bildnisses informiert wurde. Pylades gibt Iphigenie neue Anweisungen und bestärkt sie noch einmal in ihrer Rolle (vgl. V. 1615 ff.).</td></tr>
<tr><td>V. 1633–
V. 1688</td><td>Wieder erkennt Pylades ein Zögern bei Iphigenie, die ihre Zweifel offenbart: Sie möchte König Thoas, ihren „zweiten Vater“ (V. 1641), nicht betrügen und berauben. Pylades hält ihr entgegen, es gebe nur einen Weg der Rettung, den die „ehrne Hand / Der Not“ (V. 1680 f.) gebiete: Es müsse ein „falsches Wort“ (V. 1676) geopfert werden.</td></tr>
</table></td></tr>
<tr><td>Phase 4
= UAB 9,
Aufgabe 2</td><td>Tafelanschrieb
<table>
<tr><th>Beweggründe von Iphigenie</th><th>Beweggründe von Pylades</th></tr>
<tr><td>• fühlt „Sorge / Und Bangigkeit“ (V. 1636 f.)
• will den „König, der mein zweiter Vater ward, / Nicht tückisch […] betrügen [und] berauben“ (V. 1642 f.)
• sieht durch die Flucht ihr „Herz […] nicht befriedigt“ (V. 1648)
• will „unbefleckt“ (also reinen Herzens) bleiben (vgl. V. 1652)
• nimmt an, Pylades selbst täte „Ein solches Unrecht keinem Mann gelassen“ (V. 1670)
• verweist auf ihr Herz als Frau (bzw. wünscht sich ein männliches, vgl. V. 1677)</td><td>• verweist auf den Grund der Flucht (vgl. „Der deinen Bruder schlachtet, dem entfliehst du.“, V. 1643)
• verweist darauf, „Dass keiner in sich selbst, noch mit den andern / Sich rein und unverworren halten kann.“ (V. 1658 f.), d. h. das sittlich richtiges Handeln in allen Situationen unmöglich ist
• verweist auf den „härtere[n] Vorwurf, der Verzweiflung trägt“ (V. 1673), wenn nämlich Iphigenie den Tod Orests verschuldet
• beruft sich auf das Gesetz der Not, „dem Götter selbst / Sich unterwerfen müssen“ (V. 1682 f.)</td></tr>
</table></td></tr>
<tr><td>Phase 5
= UAB 9,
Aufgabe 3</td><td>Die Frage ist bewusst plakativ formuliert. Darüber sollte nicht vergessen werden, dass auch Pylades letztlich nicht unmoralisch argumentiert, vielmehr steht für ihn die Errettung einfach moralisch höher als ein Wert wie Wahrhaftigkeit.</td></tr>
</table>

1. Charakterisieren Sie zunächst stichwortartig die Figur Pylades. Formulieren Sie anschließend eine schriftliche Charakteristik dieser Figur auf einem gesonderten Blatt.

____

____

____

____

____

! **MERKE**

Bei der **Charakterisierung einer literarischen Figur** können, je nach Zweck und/oder Aufgabenstellung, entweder einzelne, auffällige Charakterzüge einer Figur oder aber die Figur umfassend dargestellt werden.

Neben den Charaktereigenschaften im engeren Sinne sollte die Charakteristik einer literarischen Figur auch auf folgende Aspekte eingehen:

- **persönliche Daten:** z. B. Name, Alter, Beruf, Wohnort
- **äußere Erscheinung:** z. B. Größe, Figur, Gesicht, Kleidung
- **Lebensumstände:** z. B. Familienstand, Einrichtung der Wohnung, Hobbys
- **typische Verhaltensweisen:** z. B. Bewegungen, Gesichtsausdruck, typische Gesten
- **Verhältnis zu anderen Figuren**

Im Text kann dabei der Charakter einer Figur auf zwei unterschiedliche Arten dargestellt werden:

- **direkt:** Benennen einer Eigenschaft entweder des Erzählers (bzw. im Drama in den Regieanweisungen), der Figur selbst (z. B. „Ich bin allein genug, der Göttin Bild/Auf wohlgeübten Schultern wegzutragen“, V. 1564 f.) oder durch eine andere Figur (z. B. „Er ist der Arm des Jünglings in der Schlacht,/Des Greises leuchtend Aug in der Versammlung“, V. 1384 f., Iphigenie über Pylades). Beachten Sie dabei, dass Zuschreibungen von Figuren nicht notwendig richtig sein müssen.
- **indirekt:** Ein Charakterzug ist aus Verhaltensweisen zu erschließen, bzw. daraus, wie sich jemand in bestimmten Situationen verhält (z. B. zeigt Auftritt IV,4, dass Pylades sich nicht nur schnell und geistesgegenwärtig auf neue Situationen einstellen kann, sondern auch, dass er redegewandt ist).

Die **schriftliche Charakteristik** einer literarischen Figur sollte in drei Teile gegliedert sein:

- **Einleitung:** Hier werden Titel, Autor, Textart, Erscheinungsjahr und Thema des Textes genannt. Dabei kann man bereits auf die zu charakterisierende Figur eingehen und sagen, welche Rolle sie spielt.
- **Hauptteil:** In einem zusammenhängenden Text wird nacheinander auf die Gesichtspunkte persönliche Daten, äußere Erscheinung, Lebensumstände, typische Verhaltensweisen, Charaktereigenschaften und das Verhältnis zu anderen Figuren eingegangen.
- **Schluss:** Hier können zentrale Eigenschaften bzw. Merkmale zusammengefasst und auf die allgemeine Wirkung der Figur eingegangen werden.

Achtung: Vor allem Schlussfolgerungen, die aus indirekten Charakterisierungen abgeleitet sind, sollten durch Hinweise auf den Text (z. B. Zitate) belegt werden.
Eine Charakteristik wird in der Regel im Präsens geschrieben.

2. Lesen Sie vorbereitend auf die nächste Stunde gründlich den Auftritt IV,5 von *Iphigenie auf Tauris*.

Am Ende des IV. Aufzugs reflektiert Iphigenie noch einmal ihre Situation: Auf Tauris konnte sie sich ihr reines Herz bewahren und die Hoffnung hegen, einst ihr beflecktes Geschlecht zu entsühnen. Jetzt, da sie wieder mit ihrem Bruder vereint ist und sich überdies die Möglichkeit bietet, nach Hause zurückzukehren, scheint sie gezwungen, zu lügen und zu rauben und dadurch schuldig zu werden, sodass auch sie der Tantalidenfluch zu treffen droht. Dadurch sieht Iphigenie ihr Götterbild gefährdet, sodass sie ausruft: „Rettet mich / Und rettet euer Bild in meiner Seele!" (V. 1716 f.) Zugleich wird deutlich, dass Iphigenie der Hilfe der Götter bedarf, ihr also (sittlich) richtiges Handeln nicht ohne die Hilfe der Götter möglich erscheint.
Ihrem modernen und der Klassik entsprechenden Götterbild stellt sie gleichsam das antike Götterbild in Form des *Parzenliedes* (V. 1726–1760) entgegen (Parzen sind in der römischen Mythologie drei Schicksalsgöttinnen, die den Lebensfaden spinnen). Dort stehen die Götter schon räumlich weit über den Menschen. Die Götter leben „Auf Klippen und Wolken" und „schreiten vom Berge / Zu Bergen", während nicht nur die in Ungnade gefallenen Menschen selbst in den „Schlünden der Tiefe" „vergebens" harren, sondern der Götter Fluch auch noch „im Enkel" wirksam bleibt. Erbarmungslosigkeit und Rache kennzeichnen diese Götter ebenso wie willkürlicher Machtgebrauch.

Der Gegensatz zum Götterbild, das Iphigenie in I,4 zeichnet, ist evident: Die „Unsterblichen" dort „lieben der Menschen / Weit verbreitete Geschlechter" und wollen ihnen „gerne / Ihres eigenen, ewigen Himmels / Mitgenießendes fröhliches Anschaun / Eine Weile gönnen und lassen". Ein Vergleich des Auftritts IV,5 mit I,4 ist deshalb auch lohnend und könnte, falls der Vergleich nicht als Klausurthema gewählt wird (→ Klausurvorschlag 3 ◎), in diese Unterrichtseinheit integriert werden. Alternativ zum Vergleich ließe sich auch Goethes Gedicht *Das Göttliche* (→ HAB 10) ausführlich im Unterricht besprechen.

Entscheidend für das Verständnis der *Iphigenie* ist nun, dass es gerade nicht die Götter sind, die durch ihr Eingreifen die glückliche Lösung herbeiführen, sondern der Mensch, der sich für das Gute (Göttliche) entscheidet. Dies ist denn auch die Kernaussage des Gedichts *Das Göttliche* aus dem Jahr 1783: Der Mensch sei das einzige Wesen, das zwischen gut und böse unterscheiden könne und aufgrund seines freien Willen zwischen unterschiedlichen Handlungsmöglichkeiten wählen kann. Das Gedicht fordert explizit dazu auf („Edel sei der Mensch / Hülfreich und gut!", V. 1 f.), das Gute und Rechte zu erkennen und zu tun. Dadurch entfalte der Mensch nicht nur seine Anlagen, sondern nähere sich auch dem Göttlichen an. Nur dann, wenn der Mensch seine Humanität entfaltet, kann er auch glauben, dass es etwas Göttliches gibt, das sich über die reine Materie erhebt („Höhern Wesen, / Die wir ahnden! / Sein Beispiel lehr' uns / Jene glauben", V. 8 ff.).

Die Schüler sollten darauf hingewiesen werden, dass Goethe auch in seinem Gedicht nicht von „Gott", sondern von den „Unsterblichen" und den „Höhern Wesen" spricht (und er sich im Gedichttitel auf „das Göttliche" bezieht). Dies nicht wie in der *Iphigenie*, die ja in der Antike angesiedelt ist, sondern offenbar deshalb, weil Goethe keinen monotheistischen Religionsbezug herstellen möchte. Goethe stammt zwar aus einem protestantischen Elternhaus, verspürte selbst aber keine konfessionellen Bindungen (ohne dass er deshalb Atheist gewesen wäre). Hier gilt es also für die Schüler, vorschnelle allgemeine Aussagen oder Annahmen zu vermeiden.

Voraussetzung: Auftritt IV,5 ist gelesen worden

benötigte Materialien: –

Unterrichtsphasen	Zeit	Inhalte	didaktisch-methodische Hinweise	Kompetenzen
Phase 1 Sicherung I	18	Besprechung der Charakterisierung (→ HAB 9, Aufgabe 1)	Unterrichtsgespräch Die Schüler lesen ihre Arbeiten gegenseitig und machen sich jeweils konkrete Verbesserungsvorschläge. Alternativ könnten zwei Schüler ihre Arbeiten vorlesen, die danach konstruktiv bewertet werden. (zu den Lösungen von HAB 9, Aufgabe 1 vgl. UE 10, Unterrichtsergebnisse)	Texte bewerten und überarbeiten
Phase 2 Sicherung II/ Erarbeitung I	10	Kontext eines Zitats aus IV,5 erläutern (→ UAB 10, Aufgabe 1)	Unterrichtsgespräch Ein Schüler kontextuiert das Zitat, anschließend können die anderen Schüler ggf. inhaltlich ergänzen.	ein Zitat kontextuieren
Phase 3 Erarbeitung II	20	das antike Götterbild aus dem Parzenlied erschließen (→ UAB 10, Aufgabe 2)	Partner- oder Gruppenarbeit, anschließend Klassengespräch und ggf. ergänzender Lehrervortrag (Götterbild Klassik vs. Antike)	einen literarischen Text inhaltlich erschließen
Phase 4 Sicherung III/ Transfer	10	Bezug des Parzenliedes zum Tantalidenfluch herstellen (→ UAB 10, Aufgabe 3)	Klassengespräch	einen literarischen Text kontextuieren
Phase 5 Erarbeitung III/ Transfer	30	Iphigenies Götterbild erarbeiten (→ UAB 10, Aufgabe 4)	Partner- oder Gruppenarbeit, anschließend Klassengespräch Hier sollte ggf. extra Lesezeit eingeplant werden. Die Bearbeitung der Aufgabe kann entfallen, wenn Klausurvorschlag 3 im Unterricht erarbeitet wird.	Wertvorstellung einer literarischen Figuren erschließen
Phase 6	2	ggf. Hinweise zur Bearbeitung von HAB 10	HAB 10 kann alternativ zu UAB 10 Aufgabe 4 bearbeitet werden.	

1. In den Versen 1716/17 bittet Iphigenie die Götter: „Rettet mich/Und rettet euer Bild in meiner Seele!“ – Erklären Sie diese Bitte aus dem Kontext des Auftritts heraus.

____

____

____

____

2. Leiten Sie aus den einzelnen Strophen des *Parzenliedes* (V. 1726–1760) jeweils mindestens eine Eigenschaft der antiken Götter ab. Schreiben Sie die Eigenschaften in Form von Adjektiven links neben die jeweilige Strophe.

Es fürchte die Götter
Das Menschengeschlecht!
Sie halten die Herrschaft
In ewigen Händen
Und können sie brauchen,
Wie's ihnen gefällt.

Der fürchte sie doppelt,
Den je sie erheben!
Auf Klippen und Wolken
Sind Stühle bereitet
Um goldene Tische.

Erhebet ein Zwist sich:
So stürzen die Gäste
Geschmäht und geschändet
In nächtliche Tiefen
Und harren vergebens,
Im Finstern gebunden,
Gerechten Gerichtes.

Sie aber, sie bleiben
In ewigen Festen
An goldenen Tischen.
Sie schreiten vom Berge
Zu Bergen hinüber:
Aus Schlünden der Tiefe
Dampft ihnen der Atem
Erstickter Titanen,
Gleich Opfergerüchen,
Ein leichtes Gewölke.

Es wenden die Herrscher
Ihr segnendes Auge
Von ganzen Geschlechtern
Und meiden, im Enkel
Die ehmals geliebten,
Still redenden Züge
Des Ahnherrn zu sehn.

3. Benennen Sie die den Bezug des *Parzenliedes* zum Tantalidenfluch.

____

____

____

____

4. Charakterisieren Sie Iphigenies Götterbild, wie es sich nach dem bisherigen Verlauf des Schauspiels darstellt.

____

____

____

____

Unterrichtsergebnisse

Unterrichtsphasen	Ergebnisse (Erwartungen)
Phase 1 = HAB 9, Aufgabe 1	Charakteristik Pylades (in Stichworten): • ein Cousin von Orest (sein Vater Strophius war der Schwager von Agamemnon, vgl. V. 1010 ff.), zugleich mit diesem befreundet (ebd.) • durch seine Herkunft auch als Adliger ausgewiesen • jung, kräftig, trainiert (vgl. „Ich bin allein genug, der Göttin Bild / Auf wohlgeübten Schultern wegzutragen“, V. 1564 f.) • mutig bzw. zupackend und intelligent (vgl. „Er ist der Arm des Jünglings in der Schlacht, / Des Greises leuchtend Aug in der Versammlung“, V. 1384 f.) • optimistisch (Hoffnung auf die Erfüllung des Spruches des Apoll, vgl. II,1) • vorsichtig, vorausplanend (seine Verstellung in II,2) • geistesgegenwärtig und redegewandt (vgl. sein Auftreten in IV,4) • Zweckpragmatiker, unterwirft alles dem Erfolg (vgl. seine Verstellung in II,2 sowie seine „pragmatische Theorie“ in den Versen 1653 ff.) Letzteres stellt sicher ein Kernmerkmal der Figur dar. Zu beachten ist dabei, dass Pylades vor allem als „Funktionär“ Orests in Erscheinung tritt, sein Charakter also auf wenige zentrale Aspekte reduziert bleibt. Zentraler als der Inhalt ist dabei das Schreiben an sich, v. a. klare Gliederung, roter Faden, nachvollziehbare Darstellung, korrekte Zitierweise.
Phase 2 = UAB 10, Aufgabe 1	Die Aufgabe erfüllt die doppelte Funktion der Textsicherung und -erschließung. Deutlich werden sollte: • Iphigenie sieht ihr Götterbild aufgrund ihrer Situation (um nach Hause zurückzukehren, muss sie lügen und rauben, wodurch sie schuldig würde) gefährdet. • Iphigenie braucht die Hilfe der Götter.
Phase 3 = UAB 10, Aufgabe 2	Beispiele: • Strophe 1: allmächtig, unkontrolliert, ewig • Strophe 2: erhaben, anspruchsvoll • Strophe 3: grausam, rächend, hämisch • Strophe 4: gleichgültig, mitleidslos • Strophe 5: nachtragend, ungerecht (aber auch segnen könnend)
Phase 4 = UAB 10, Aufgabe 3	• auch Tantalus wurde einst an die Tafel der olympischen Götter gebeten und, nach einem Vergehen, von dort verstoßen und bestraft • auf Tatalus’ Geschlecht lastet seither ein Fluch (vgl. „Es wenden die Herrscher / Ihr segnendes Auge / Von ganzen Geschlechtern“, V. 1754 ff.)
Phase 5 = UAB 10, Aufgabe 4	Wenn hier kein Vergleich zu Auftritt I,4 (der die ergiebigsten Hinweise enthält) angestellt und somit kein dediziertes Götterbild erarbeitet wird, sollte zumindest deutlich werden: Iphigenie • ehrt und vertraut auf Diana, ihre Retterin, an die sie sich mehrfach bittend wendet • hält die Götter für gut und keineswegs grausam (vgl. „Der missversteht die Himmlischen, der sie / Blutgierig wähnt“, V. 523 f., sowie „Diana sehnet sich / Von […] ihren blut’gen Menschenopfern weg.“, V. 734 ff.) • glaubt an die unmittelbare „Herzenseingebung“ durch die Götter (vgl. „Sie reden nur durch unser Herz zu uns.“, V. 493)

1. Lesen Sie das Gedicht *Das Göttliche* von Johann Wolfgang von Goethe.

- Stellen Sie dar, wie sich der Mensch sowohl von anderen Lebewesen als auch von der Natur unterscheidet.
- Erläutern Sie, was daraus für den Menschen folgt.

Johann Wolfgang von Goethe: Das Göttliche

Edel sei der Mensch,
Hülfreich und gut!
Denn das allein
Unterscheidet ihn
Von allen Wesen,
Die wir kennen.

Heil den unbekannten
Höhern Wesen,
Die wir ahnden!
Sein Beispiel lehr' uns
Jene glauben.

Denn unfühlend
Ist die Natur:
Es leuchtet die Sonne
Über Bös' und Gute,
Und dem Verbrecher
Glänzen wie dem Besten
Der Mond und die Sterne.

Wind und Ströme,
Donner und Hagel
Rauschen ihren Weg,
Und ergreifen
Vorüber eilend,
Einen um den andern.

Auch so das Glück
Tappt unter die Menge,
Fasst bald des Knaben
Lockige Unschuld,
Bald auch den kahlen
Schuldigen Scheitel.

Nach ewigen, ehrnen,
Großen Gesetzen
Müssen wir alle
Unseres Daseins
Kreise vollenden.

Nur allein der Mensch
Vermag das Unmögliche:
Er unterscheidet,
Wählet und richtet;
Er kann dem Augenblick
Dauer verleihen.

Er allein darf
Den Guten lohnen,
Den Bösen strafen;
Heilen und retten
Alles Irrende, Schweifende
Nützlich verbinden.

Und wir verehren
Die Unsterblichen,
Als wären sie Menschen,
Täten im Großen,
Was der Beste im Kleinen
Tut oder möchte.

Der edle Mensch
Sei hülfreich und gut!
Unermüdet schaff' er
Das Nützliche, Rechte,
Sei uns ein Vorbild
Jener geahndeten Wesen!

2. Lesen Sie vorbereitend auf die nächste Stunde gründlich die Auftritte V,1 und V,2 von *Iphigenie auf Tauris*.

Die glückliche Lösung der Konflikte wird erst mit den beiden letzten Worten des Schauspiels und damit des V. Aufzugs, „Lebt wohl!“ (V. 2174), wirklich erreicht. Der V. Aufzug wird dabei dominiert von den zwei großen Auftritten V,3 und V,6. Da überdies die Auftritte 1, 2, 4 und 5 des V. Aufzugs recht kurz und offensichtlich auch bühnentechnisch zur Vorbereitung der Figurenauftritte bzw. -wechsel motiviert sind, gerät deren inhaltliche und dramaturgische Funktion leicht aus dem Blick.

So dient der Auftritt V,1 zunächst der Vorbereitung von V,3, indem Thoas Iphigenie gleichsam vorlädt („Es komme schnell die Priesterin herbei!“, V. 1777), dann aber auch der Vorbereitung von Auftritt V,2, indem durch Arkas’ Darstellung Selbstzweifel bei König Thoas geschürt werden.
Dabei bringt Arkas seinen „Argwohn“ – der dann auch zu dem von Thoas wird – gleich im ersten Satz des V. Aufzugs zum Ausdruck, und zwar „verwirrt“ (vgl. „Verwirrt muss ich gestehn, dass ich nicht weiß, / wohin ich meinen Argwohn richten soll.“, V. 1767 f.). Beleg dieser Verwirrung ist die Reihenfolge der Informationsgabe: Statt also zunächst vom hartnäckigen Gerücht über das Schiff der gestrandeten Griechen in einer Bucht zu berichten, das im Zusammenhang mit dem Reinigungsritual (vgl. „Der heil’ge Vorwand“, V. 1775) Argwohn hervorzurufen geneigt ist, und dann zu fragen, gegen wen dieser Argwohn sich richten sollte, beginnt Arkas (V. 1768) mit seinem Argwohn (auf den er, wegen der verqueren Informationsvergabe, auch in Vers 1776 noch einmal zurückkommen muss), sodass der V. Aufzug von eben jenem „Argwohn“ des Anfangs dramaturgisch sehr geschickt den Bogen zum „Lebt wohl!“ (V. 2174) des Endes schlägt.
Die Verwirrung („Verwirrt“ ist das erste Wort des Aufzugs!) ist aber auch noch aus einem anderen Grund bezeichnend, beleuchtet dies doch sowohl den Charakter von Arkas als auch die Wertschätzung, die Iphigenie auf Tauris genießt: Arkas hat offenbar Mühe, sich Iphigenie als „verstohlene“ Fluchthelferin vorzustellen.

Noch interessanter ist Auftritt V,2, der die humane Haltung von Thoas am Ende des Schauspiels wenn nicht vorausnimmt, so doch andeutet: Wenn also Thoas darüber nachsinnt, was gewesen wäre, wenn er Iphigenie versklavt hätte (vgl. etwa „Sie … hätte Pflicht genannt, / Was Not war.“, V. 1795 f.), so wird dadurch zugleich betont, dass er das eben nicht getan hat und sich der Barbarei der alten Bräuche sehr wohl bewusst ist (zu diesem Aspekt des Monologs ausführlich → UAB 11).
Überhaupt benennt Thoas seine innere (charakterliche) Grundhaltung in diesem Monolog sehr deutlich – allein drei Mal ist von Güte die Rede: „Durch Nachsicht und durch Güte“ (V. 1786), „Nun lockt meine Güte / In ihrer Brust verwegnen Wunsch herauf“ (V. 1796 f.) und „meine Güte / Scheint ihr ein alt verjährtes Eigentum“ (V. 1802 f.). Thoas mutmaßt zwar: „Durch Schmeichelei gewann sie mir das Herz“ (V. 1800), doch änderte dies ja nichts an seiner inneren Haltung. Tatsächlich aber gibt es für die Wahrheit dieser Mutmaßung keinen Beleg im Stück, vielmehr bringt Iphigenie bereits in ihrem ersten Auftritt zum Ausdruck, dass Thoas für sie ein „edler Mann“ ist (vgl. V. 33).

Die beiden Auftritt V,1 und V,2 bieten sich so an, die Charaktere der Figuren Arkas und Thoas zumindest kurz zu beleuchten (zur Charakteristik von Thoas → UAB 11).

Voraussetzung: Auftritte V,1 und V,2 sind gelesen worden

benötigte Materialien: –

Unterrichts-phasen	Zeit	Inhalte	didaktisch-methodische Hinweise	Kompetenzen
Phase 1 Sicherung I	13	Besprechung der HA: Auswertung des Gedichts *Das Göttliche* (→ HAB 10, Aufgabe 1)	Unterrichtsgespräch, Lehrervortrag (zu den Lösungen von HAB 10, Aufgabe 1 vgl. UE 10, Hintergrundinformationen)	ein Gedicht inhaltlich erschließen
Phase 2 Sicherung II / Erarbeitung I	10	Auftritt V,1 zusammenfassen und den Inhalt auf V,2 beziehen (→ UAB 11, Aufgabe 1)	Unterrichtsgespräch Ein Schüler fasst den Auftritt zusammen, anschließend können die anderen Schüler ggf. inhaltlich ergänzen.	einen literarischen Text zusammenfassen und funktional bewerten
Phase 3 Erarbeitung II	15	Auftritt V,2 inhaltlich erschließen (→ UAB 11, Aufgabe 2)	Einzel- oder Partnerarbeit, anschließend Klassengespräch	einen literarischen Text inhaltlich erschließen
Phase 4 Erarbeitung III	15	Auftritt V,2 inhaltlich erfassen und bewerten (→ UAB 11, Aufgabe 3)	Partnerarbeit, anschließend Klassengespräch Die Lehrkraft kann als Hilfestellung auf das positive Ende des Stücks hinweisen.	einen literarischen (Sub-)Text erschließen und vorausschauend deuten
Phase 5 Erarbeitung IV / Transfer	35	Thoas charakterisieren (→ UAB 11, Aufgabe 4)	Einzel- oder Partnerarbeit, anschließend Klassengespräch Es sollte hier noch einmal etwas Lesezeit eingeplant werden. Die Arbeitsergebnisse sollten noch im Unterricht besprochen werden. Die schriftliche Ausarbeitung der Charakteristik könnte auf dieser Grundlage dann HA sein.	eine literarische Figuren charakterisieren
Phase 6	2	ggf. Hinweise zur Bearbeitung von HAB 11		

1. Fassen Sie den Inhalt des Auftritts V,1 mündlich zusammen und benennen Sie, wie er den Auftritt V,2 inhaltlich vorbereitet.
2. Tragen Sie stichwortartig in die Tabelle ein, welche Vorwürfe Thoas in seinem Monolog (Auftritt V,2) gegen Iphigenie erhebt und welche gegen sich selbst.

Thoas' Vorwürfe gegen Iphigenie	Thoas' Vorwürfe gegen sich selbst

3. Lesen Sie bei den folgenden Textstellen aus Auftritt V,2 „zwischen den Zeilen" und stellen Sie dar, was sie indirekt über die innere Haltung bzw. Überzeugung von Thoas aussagen.

„Zur Sklaverei gewöhnt der Mensch sich gut / Und lernet leicht gehorchen, wenn man ihn / Der Freiheit ganz beraubt." (V. 1787 ff.)

„Ja, wäre sie / in meiner Ahnherrn rohe Hand gefallen" (V. 1790)

„Sie … hätte Pflicht genannt, / Was Not war." (V. 1792–1796)

4. Charakterisieren Sie stichwortartig die Figur Thoas. Belegen Sie Ihre Einschätzung jeweils mit Hinweisen auf den Text.

<table>
<tr><th>Unterrichts-phasen</th><th>Ergebnisse (Erwartungen)</th></tr>
<tr><td>Phase 2
= UAB 11, Aufgabe 1</td><td>Auftritt V,1
• Inhalt: Arkas setzt Thoas davon in Kenntnis, dass sich die Gerüchte mehren, die Griechen hätten ihr Schiff in einer Bucht versteckt und wollten fliehen. Arkas äußert den Verdacht, das von Iphigenie geplante Reinigungsritual des Götterbildes könnte nur ein Vorwand sein. Thoas befiehlt daraufhin Iphigenie zu sich.
• Bezug zu V,2: Arkas` Verdacht gegen Iphigenie motiviert Thoas' Monolog, in dem er seinen „Grimm“ sowohl gegenüber Iphigenie als auch sich selbst gegenüber formuliert</td></tr>
<tr><td>Phase 3
= UAB 11, Aufgabe 2</td><td>Tafelanschrieb
<table>
<tr><th>Thoas' Vorwürfe gegen Iphigenie</th><th>Thoas' Vorwürfe gegen sich selbst</th></tr>
<tr><td>• sinnt sich „ein eigen Schicksal aus“
• hat sich durch „Schmeichelei“ das Herz von Thoas erobert
• setzt nun auf „List und Trug“</td><td>• hätte Iphigenie nicht mit „Nachsicht“ und „Güte“, sondern mit der „rohen Hand“ seiner Ahnherren behandeln sollen
• vergebliche Hoffnung, Iphigenie durch Heirat an sich zu binden</td></tr>
</table></td></tr>
<tr><td>Phase 4
= UAB 11, Aufgabe 3</td><td>• „Zur Sklaverei gewöhnt der Mensch sich gut / Und lernet leicht gehorchen, wenn man ihn / Der Freiheit ganz beraubt.“ (V. 1787 ff.): Thoas anerkennt, dass Freiheit gleichsam der natürliche Zustand des Menschen ist.
• „Ja, wäre sie / in meiner Ahnherrn rohe Hand gefallen“ (V. 1790): Thoas anerkennt, dass die alten Bräuche barbarisch waren und nicht fortgeführt werden sollten.
• „Sie … hätte Pflicht genannt, / Was Not war.“ (V. 1792 – 1796): Thoas anerkennt, dass die Menschenopfer keine „Pflicht“ (und damit religiös nicht notwendig) sind und für die ausführende Priesterin „Not“ bedeuten.</td></tr>
<tr><td>Phase 5
= UAB 11, Aufgabe 4</td><td>Charakteristik Thoas (in Stichworten):
• König der Skythen auf Tauris
• offenbar schon älter (könnte Iphigenies Vater sein) und gebildet (seine Sprache, sein Wissen über die Tantaliden)
• hat einen Krieg hinter sich, den er aus Rache für die Tötung seines Sohnes geführt hatte
• ist allein (vgl. „die Öde meiner Wohnung“, V. 235) und will deshalb Iphigenie heiraten
• hat keine großen Ansprüche (vgl. „Zufrieden wär ich, wenn mein Volk mich rühmte: / Was ich erwarb, genießen andre mehr / Als ich.“, V. 226 ff.)
• neigt zum impulsiven und trotzigen Handeln (die Wiedereinführung der Menschenopfer, die – laut Arkas – keine Funktion mehr haben)
• intelligent und ehrlich (auch sich selbst gegenüber)
• handelt Iphigenie gegenüber mit „Nachsicht“ und „Güte“, wird von Iphigenie „edel“ genannt</td></tr>
</table>

1. Lesen Sie die folgenden Textstellen und skizzieren Sie kurz den Zusammenhang, in dem sie stehen.

Auftritt I,1
Iphigenie […]
Ich rechte mit den Göttern nicht; allein
Der Frauen Zustand ist beklagenswert.
Zu Haus und in dem Kriege herrscht der Mann,
Und in der Fremde weiß er sich zu helfen.
Ihn freuet der Besitz; ihn krönt der Sieg!
Ein ehrenvoller Tod ist ihm bereitet.
Wie eng-gebunden ist des Weibes Glück!
Schon einem rauhen Gatten zu gehorchen
Ist Pflicht und Trost; wie elend, wenn sie gar
Ein feindlich Schicksal in die Ferne treibt!
So hält mich Thoas hier, ein edler Mann,
In ernsten, heil'gen Sklavenbanden fest.

Auftritt I,3
Thoas Aufs Ungehoffte war ich nicht bereitet;
Doch sollt ich's auch erwarten: wusst ich nicht,
Dass ich mit einem Weibe handeln ging?
Iphigenie Schilt nicht, o König, unser arm Geschlecht.
Nicht herrlich wie die euern, aber nicht
Unedel sind die Waffen eines Weibes.
Glaub es, darin bin ich dir vorzuziehn,
Dass ich dein Glück mehr als du selber kenne.

Auftritt II,1
Orest […]
Der wilde Sinn des Königs tötet uns;
Ein Weib wird uns nicht retten, wenn er zürnt.
Pylades Wohl uns, dass es ein Weib ist! denn ein Mann,
Der beste selbst, gewöhnet seinen Geist
An Grausamkeit und macht sich auch zuletzt
Aus dem, was er verabscheut, ein Gesetz,
Wird aus Gewohnheit hart und fast unkenntlich.
Allein ein Weib bleibt stet auf einem Sinn,
Den sie gefasst. Du rechnest sicherer
Auf sie im Guten wie im Bösen.

Kontext Auftritt I,1	
Kontext Auftritt I,3	
Kontext Auftritt II,1	

2. Skizzieren Sie stichwortartig, welches Rollenbild von Frauen und Männern jeweils gezeichnet wird.

Rollenbild Frau	**Rollenbild Mann**

3. Lesen Sie vorbereitend auf die nächste Stunde gründlich den Auftritt V,3 von *Iphigenie auf Tauris*.

In Auftritt V,3 kommt es zu einer entscheidenden Wendung in der Handlungs- und Konfliktsituation: Gleichsam monologisch ringt sich Iphigenie *„nach einigem Stillschweigen"* ab Vers 1892 dazu durch, Thoas die Wahrheit um die Fluchtpläne der Ihren zu gestehen und dadurch sowohl ihr eigenes Schicksal als auch das von Orest und seinen Gefährten in seine Hände zu legen: „Allein euch leg ich's auf die Kniee! … Verdirb uns – wenn du darfst." (V. 1916 und V. 1936)

Drei Aspekte sollten bei der Erarbeitung dieses Geständnisses deutlich werden:

1. Iphigenies Geständnis erfolgt aus innerer Not heraus. Tatsächlich ist die geplante Flucht längst entdeckt, Thoas hat bereits die Befehle zur Ergreifung der Gefangenen erteilt (vgl. „Thoas: … Wo ihr sie findet, fasst sie, wie ihr pflegt.", V,1), die nun unmittelbar bevorsteht (vgl. Auftritt V,4, der Orest bereits im Kampf zeigt), wobei es angesichts der Überzahl der Taurer keinen Zweifel über den Ausgang geben kann (vgl. „Arkas: … Gleich / Ist die Verwegenheit bestraft", V,5). Dies alles aber weiß Iphigenie nicht, d. h. sie offenbart sich Thoas in einer Situation, in der sie noch annehmen kann, die Flucht könnte gelingen. Damit kommt dem Geständnis aber ein anderes Gewicht zu, als hätte Iphigenie die Wahrheit erst im Wissen um das Scheitern der Flucht offenbart (etwa um Strafmilderung zu erlangen).
2. Iphigenie wendet sich an Thoas als Mensch, der – gleich ob Skythe oder Grieche, ob König oder Sklave – dadurch auch einem allgemein gültigen sittlichen Gesetz unterworfen ist (vgl. dazu die Verse 1939 ff. sowie UAB 12, Aufgabe 2).
3. Iphigenie stellt ihr Geständnis als spezifisch weibliche Tat dar, die als solche gerade nicht auf Sieg (oder Niederlage) gerichtet ist, sondern auf eine friedliche Überwindung der Gegensätze zielt. Eine Haltung, die dann auch noch einmal in V,6 wichtig wird, wenn Iphigenie den von Orest vorgeschlagenen Zweikampf, den Thoas anzunehmen bereit ist, entschieden zurückweist (vgl. V. 2064 ff.). Dieses weibliche Rollenbild (Idealisierung der Frau) ist dabei typisch für die Klassik und zeigt sich in zahlreichen Werken Goethes und Schillers, so etwa auch in Schillers bekanntem Gedicht *Würde der Frauen*, von dem die beiden letzten Strophen mit den Schülern gelesen werden könnten, da sie sich unmittelbar auf den V. Aufzug der Iphigenie beziehen lassen.

Friedrich Schiller: Würde der Frauen

In der Männer Herrschgebiete
Gilt der Stärke trotzig Recht;
Mit dem Schwert beweist der Scythe,
Und der Perser wird zum Knecht.
Es befehden sich im Grimme
Die Begierden wild und roh,
Und der Eris rauhe Stimme
Waltet, wo die Charis floh.

Aber mit sanft überredender Bitte
Führen die Frauen den Scepter der Sitte,
Löschen die Zwietracht, die tobend entglüht,
Lehren die Kräfte, die feindlich sich hassen,
Sich in der lieblichen Form zu umfassen,
Und vereinen, was ewig sich flieht.

Voraussetzung: Auftritt V,3 ist gelesen worden

benötigte Materialien: –

Unterrichts-phasen	Zeit	Inhalte	didaktisch-methodische Hinweise	Kompetenzen
Phase 1 Sicherung I	13	Besprechung der HA: männliche und weibliche Rollenbilder in der *Iphigenie* skizzieren (→ HAB 11, Aufgaben 1 und 2)	Unterrichtsgespräch, Lehrervortrag (zu den Lösungen von HAB 11, Aufgaben 1 und 2 vgl. UE 12, Unterrichtsergebnisse)	Szenenauszüge erschließen
Phase 2 Sicherung II / Erarbeitung I	10	Auszug aus V,3 in den Gesamtzusammenhang des Auftritts stellen (→ UAB 12, Aufgabe 1)	Unterrichtsgespräch Ein Schüler kontextuiert den Auszug aus V,3, anschließend können die anderen Schüler ggf. inhaltlich ergänzen.	einen Szenenauszug kontextuieren
Phase 3 Erarbeitung II	10	Auszug aus V,3 (vgl. Phase 2) deuten (→ UAB 12, Aufgabe 2)	Einzel- oder Partnerarbeit, anschließend Klassengespräch	einen Szenenauszug im Textzusammenhang deuten
Phase 4 Erarbeitung III / Transfer	15	Iphigenies Tat als spezifisch weiblich bewerten (→ UAB 12, Aufgabe 3)	Klassengespräch Den Schülern sollte etwas Zeit zur Diskussionsvorbereitung gegeben werden. Der Diskussion kann sich ein kurzer Lehrervortrag zum weiblichen Rollenbild der Literatur der Klassik anschließen.	sich sach- und adressatenbezogen äußern, einen begründeten Standpunkt vertreten
Phase 5 Erarbeitung IV	10	Auszug aus V,3 deuten (→ UAB 12, Aufgabe 4)	Einzelarbeit, anschließend Klassengespräch	ein sprachliches Bild deuten, eine begründete Vermutung zum weiteren Handlungsverlauf anstellen
Phase 6 Erarbeitung V	30	Auftritt V,3 zur szenischen Lesung vorbereiten (→ UAB 12, Aufgabe 5)	Partnerarbeit	einen dramatischen Text szenisch lesen
Phase 7	2	ggf. Hinweise zur Bearbeitung von HAB 12		

1. Ordnen Sie den folgenden Auszug aus dem Auftritt V,3 in den Gesamtzusammenhang des Auftritts ein.

> **Iphigenie** […]
> Verdirb uns – wenn du darfst.
> **Thoas** Du glaubst, es höre
> Der rohe Skythe, der Barbar, die Stimme
> Der Wahrheit und der Menschlichkeit, die Atreus,
> Der Grieche, nicht vernahm?
> **Iphigenie** Es hört sie jeder,
> Geboren unter jedem Himmel, dem
> Des Lebens Quelle durch den Busen rein
> Und ungehindert fließt. – […]

2. Deuten Sie den Auszug (vgl. Aufgabe 1) mit Blick auf die gesamte Handlung und Aussage der *Iphigenie*.

3. Diskutieren Sie, ob bzw. inwiefern das Geständnis Iphigenies eine spezifisch weibliche Leistung ist.

4. Erklären Sie das von Thoas in den folgenden Versen (V. 1979 ff.) verwendete Bild: Kündigt sich hier schon die Entscheidung an, die Thoas treffen muss?

> **Thoas** Unwillig, wie sich Feuer gegen Wasser
> Im Kampfe wehrt und gischend seinen Feind
> Zu tilgen sucht, so wehret sich der Zorn
> In meinem Busen gegen deine Worte.

5. **Weiterführende Aufgabe:** Bereiten Sie den Auftritt V,3 zur szenischen Lesung vor. Kopieren Sie dazu den Text und fügen Sie in die Kopien Leseanweisungen ein. Tragen Sie Ihre Fassungen vor und bewerten Sie sie.

<table>
<tr><th>Unterrichts-phasen</th><th>Ergebnisse (Erwartungen)</th></tr>
<tr><td>Phase 1
= HAB 11, Aufgaben 1 und 2</td><td>HAB 11, Aufgabe 1
<ul>
<li>Kontext Auftritt I,1: Eingangsmonolog Iphigenie (vgl. V. 23–32), in dem sie ihr Schicksal beklagt, das für sie auch ein weibliches ist</li>
<li>Kontext Auftritt I,3: erstes Gespräch mit Thoas (vgl. V. 478–485), in dem sie seinen Heiratsantrag abgelehnt und ihm zugleich das Versprechen abgerungen hat, bei Gelegenheit in die Heimat zurückkehren zu dürfen</li>
<li>Kontext Auftritt II,1: erstes Gespräch zwischen Orest und Pylades (vgl. V. 784–793), in dem deutlich wird, dass Orest sich mit dem Tod abgefunden hat, während Pylades auf Rettung sinnt</li>
</ul>
HAB 11, Aufgabe 2
<table>
<tr><th>Rollenbild Frau</th><th>Rollenbild Mann</th></tr>
<tr><td><ul><li>muss gehorchen</li><li>hat keine herrlichen, aber gleichwohl nicht „unedle“ Waffen</li><li>bleibt ihrer Gesinnung treu</li></ul></td><td><ul><li>herrscht und strebt nach Ruhm</li><li>gewöhnt sich auch an Grausamkeiten</li></ul></td></tr>
</table></td></tr>
<tr><td>Phase 2
= UAB 12, Aufgabe 1</td><td>Die Stelle enthält mit dem Vers „Verdirb uns – wenn du darfst.“ (V. 1936) das Ende der langen Rede Iphigenies (ab V. 1892), in deren Verlauf sie Thoas die Wahrheit um die Fluchtpläne enthüllt und ihr Schicksal in seine Hände legt.
Zuvor hatte Iphigenie noch taktiert, indem sie gegenüber Thoas behauptet hatte, das Reinigungsritual des Götterbildes sei „Frist zur Überlegung“ (vgl. V. 1808).</td></tr>
<tr><td>Phase 3
= UAB 12, Aufgabe 2</td><td>Zentral ist die Einsicht, dass Iphigenie hier allgemein an „die Stimme / Der Wahrheit und der Menschlichkeit“ appelliert, von der sie behauptet: „Es hört sie jeder …“, was zugleich bedeutet, dass „jeder“ dieser Stimme auch unterworfen ist.</td></tr>
<tr><td>Phase 4
= UAB 12, Aufgabe 3</td><td>Folgende Aspekte sollten bei der Diskussion bedacht werden:
<ul>
<li>Die Zuschreibungen „weiblich“ und „männlich“ resultieren aus (historischen) Stereotypen und sind nur deshalb richtig.
(Grundsätzlich gilt ja nach Iphigenies eigener Aussage, dass die Stimme der Menschlichkeit ein jeder – und damit Mann und Frau – höre.)</li>
<li>Die Zuschreibungen entsprechen dem Handlungskontext, also dem Bild der Geschlechter in der Antike.</li>
<li>Die Zuschreibungen entsprechen dem idealisierten Bild der Frau in der Literatur der Klassik.</li>
</ul></td></tr>
<tr><td>Phase 5
= UAB 12, Aufgabe 4</td><td>Gefühl und Vernunft verhalten sich wie Feuer und Wasser, die sich gegenseitig zu vernichten suchen. Die Tatsache, dass Thoas hier vernünftig seine Gefühle in Worte fasst, legt nahe, dass seine Vernunft auch bei der Entscheidung über Iphigenies Schicksal die Oberhand über das Gefühl behalten wird (man beachte außerdem die Formulierung „wie … Feuer … seinen Feind / Zu tilgen sucht“, die nicht für einen Erfolg des Zornes über die Worte spricht).</td></tr>
</table>

1. Lesen Sie den folgenden Brief Schillers an Goethe und stellen Sie stichwortartig dar, wie Schiller die *Iphigenie* bewertet und weshalb.

Friedrich Schiller an Johann Wolfgang von Goethe[1]**.** Weimar 22. Jan. 1802.

Ich habe, wie Sie finden werden, weniger Verheerungen in dem Mscrpt angerichtet, als ich selbst erwartet hatte, vornehmen zu müssen; ich fand es von der Einen Seite nicht nöthig und von einer andern nicht wohl thunlich. Das Stück ist an sich gar nicht zu lang, da es wenig über zweitausend Verse enthält, und jezt werden die zweitausend nicht einmal voll seyn, wenn Sie es zufrieden sind, daß die bemerkten Stellen wegbleiben. Aber es war auch nicht gut thunlich, weil dasjenige was den Gang des Stücks verzögern könnte, weniger in einzelnen Stellen, als in der Haltung des Ganzen liegt, die für die dramatische Forderung zu reflectierend ist. [...]

Da überhaupt in der Handlung selbst zu viel moralische Casuistik herrscht, so wird es wohl gethan seyn, die sittlichen Sprüche selbst und dergleichen Wechselreden etwas einzuschränken.

Das Historische und Mythische muß unangetastet bleiben, es ist ein unentbehrliches Gegengewicht des Moralischen, und was zur Phantasie spricht, darf am wenigsten vermindert werden.

Orest selbst ist das Bedenklichste im Ganzen; ohne Furien ist kein Orest, und jezt da die Ursache seines Zustands nicht in die Sinne fällt, da sie bloß im Gemüth ist, so ist sein Zustand eine zu lange und zu einförmige Qual, ohne Gegenstand; hier ist eine von den Grenzen des alten und neuen Trauerspiels. Möchte Ihnen etwas einfallen, diesem Mangel zu begegnen, was mir freilich bei der jetzigen Oeconomie des Stücks kaum möglich scheint; denn was ohne Götter und Geister daraus zu machen war, das ist schon geschehen. Auf jeden Fall aber empfehl' ich Ihnen die Orestischen Scenen zu verkürzen.

Ferner gebe ich Ihnen zu bedenken, ob es nicht rathsam seyn möchte, zur Belebung des dramatischen Interesse, sich des Thoas und seiner Taurier, die sich zwei ganze Acte durch nicht rühren, etwas früher zu erinnern und beide Actionen, davon die eine jezt zu lange ruht, in gleichem Feuer zu erhalten. Man hört zwar im 2ten und 3ten Act von der Gefahr des Orest und Pylades, aber man sieht nichts davon, es ist nichts sinnliches vorhanden, wodurch die drangvolle Situation zur Erscheinung käme. Nach meinem Gefühle müßte in den 2 Acten, die sich jezt nur mit Iphigenien und dem Bruder beschäftigen, noch ein Motiv ad extra eingemischt werden, damit auch die äußere Handlung stetig bliebe und die nachherige Erscheinung des Arkas mehr vorbereitet würde. Denn so wie er jezt kommt, hat man ihn fast ganz aus den Gedanken verloren.

Es gehört nun freilich zu dem eigenen Charakter dieses Stücks, daß dasjenige, was man eigentlich Handlung nennt, hinter den Koulissen vorgeht, und das Sittliche, was im Herzen vorgeht, die Gesinnung, darin zur Handlung gemacht ist und gleichsam vor die Augen gebracht wird. Dieser Geist des Stücks muß erhalten werden, und das Sinnliche muß immer dem Sittlichen nachstehen; aber ich verlange auch nur soviel von jenem, als nöthig ist, um dieses ganz darzustellen.

Iphigenia hat mich übrigens, da ich sie jezt wieder las, tief gerührt, wiewohl ich nicht läugnen will, daß etwas Stoffartiges dabei mit unterlaufen mochte. Seele möchte ich es nennen, was den eigentlichen Vorzug davon ausmacht.

Die Wirkung auf das Publicum wird das Stück nicht verfehlen, alles vorhergegangene hat zu diesem Erfolge zusammen gewirkt. Bei unsrer Kennerwelt möchte gerade das, was wir gegen dasselbe einzuwenden haben, ihm zum Verdienste gerechnet werden, und das kann man sich gefallen lassen, da man so oft wegen des wahrhaft lobenswürdigen gescholten wird. [...]

[1] Unter Schillers Leitung wurde die *Iphigenie* 1802 am Weimarer Hoftheater aufgeführt.

2. Lesen Sie vorbereitend auf die nächste Stunde gründlich die Auftritte V,4 bis V,6 von *Iphigenie auf Tauris*.

Die Auftritte 4 und 5 des V. Aufzugs schildern die äußere Lage: Iphigenie offenbart Orest, dass sie den Fluchtversuch gestanden hat, währenddessen die Griechen bereits von den Skythen entdeckt worden sind und sich im Kampfe kaum mehr halten können. Doch überraschend verlangt Thoas die Einstellung der Kampfhandlung, „solang wir reden“ (V. 2023). Im anschließenden 6. Auftritt verlangt Thoas zunächst den Beweis von Orest, dass dieser tatsächlich Agamemnons Sohn und Iphigenie seine Schwester ist. Orest zeigt darauf das Schwert seines Vaters und bittet Thoas, über einen Zweikampf den Streit entscheiden zu dürfen. Thoas willigt nicht nur ein, sondern will diesen Kampf sogar persönlich führen, doch Iphigenie schlichtet und benennt, woran sie Orest erkannt hat. Thoas wirft nun Orest vor, das Bild der Göttin rauben zu wollen. Diesen Einwand entkräftet Orest, indem er erklärt, den Spruch Apolls falsch gedeutet zu haben. Nicht die Schwester Apolls (das Bildnis der Göttin Diana), sondern seine Schwester, Iphigenie, gelte es, nach Hause zu bringen. Um diese Heimkehr bitten nun sowohl Orest als auch Iphigenie noch einmal. Die bloße Erlaubnis „So geht!“ (V. 2151) des Königs weist Iphigenie jedoch zurück, sie möchte nicht im Widerwillen, sondern in Freundschaft gehen: „Leb wohl! und reiche mir/Zum Pfand der alten Freundschaft deine Rechte.“ (V. 2172 f.), was Thoas mit den Worten „Lebt wohl!“ zu bestätigen scheint. Doch ist Thoas' Abschiedsgruß wirklich mehr als eine höfliche Antwort auf Iphigenies „Leb wohl“ (→ UAB 13, Aufgabe 3)?

Auch wenn so am Ende die Menschlichkeit siegt, die sich Iphigenie in mündiger Selbstbestimmung erarbeitet hat, darf nicht übersehen werden, dass das Schauspiel auch Fragen aufwirft bzw. Kritik hervorgerufen hat, die über den Schiller'schen Vorwurf der fehlenden Bühnentauglichkeit hinausgeht.
Prominentester Kritiker war dabei sicherlich Theodor W. Adorno (→ Klausurvorschlag 4 ◎), für den nicht Iphigenies Humanität die Rettung bedeutet, sondern die von Thoas (der dafür am Ende auch noch allein zurückbleibt):

> „Das Gefühl einer Ungerechtigkeit, die darum dem Schauspiel zum Schaden gereicht, weil es objektiv, der Idee nach beansprucht, mit Humanität realisiere sich Gerechtigkeit, rührt daher, dass Thoas, der Barbar, mehr gibt als die Griechen, die ihm, mit Einverständnis der Dichtung, human überlegen sich dünken. [...] Das Unzulängliche der Beschwichtigung, die Versöhnung nur erschleicht, manifestiert sich ästhetisch. Die verzweifelte Anstrengung des Dichters ist überwertig, ihre Drähte werden sichtbar und verletzen die Regel der Natürlichkeit, die das Stück sich stellte. Man merkt die Absicht und wird verstimmt. Das Meisterwerk knirscht in den Scharnieren: Damit verklagt es den Begriff des Meisterwerks. Goethes Empfindlichkeit dagegen verstummte in der Iphigenie angesichts dessen, was Benjamin hellsichtig die Grenzen und Möglichkeiten der Humanität nannte. Sie strahlt im Augenblick der bürgerlichen Revolution weit über das partikulare Interesse der Klasse hinaus und wird im selben Augenblick vom partikularen Interesse verstümmelt; auf jenem Stand des Geistes war ihr versagt, ihre Schranken zu überschreiten.“

Theodor W. Adorno: Zum Klassizismus von Goethes Iphigenie (in: Neue Rundschau 78, 1967)

Gewichtiger noch als diese Frage scheint, dass die Macht von willkürlich und rachsüchtig handelnden Göttern bis zum Schluss bestehen bleibt: Erst dadurch, dass Orest den wahren Willen der Götter erkennt – sie verlangen nicht den Raub des Götterbildes, sondern die Heimkehr Iphigenies –, kann es überhaupt zur friedlichen Lösung kommen. Es genügt eben gerade nicht, wie Iphigenie meint, „die Stimme/Der Wahrheit und der Menschlichkeit“ (V. 1937 f.) zu vernehmen. Erst in der Unabhängigkeit dieser Götter wird Autonomie und in der Folge Humanität erst möglich.

Voraussetzung: Auftritte V,4 bis V,6 sind gelesen worden

benötigte Materialien: –

Unterrichts-phasen	Zeit	Inhalte	didaktisch-methodische Hinweise	Kompetenzen
Phase 1 Sicherung I	8	Zusammenfassung der Auftritte V,4 und V,5 (→ UAB 13, Aufgabe 1)	Unterrichtsgespräch Ein Schüler fasst die Auftritte mündlich zusammen, hat er die Zusammenfassung beendet, können die anderen Schüler ggf. inhaltlich ergänzen.	einen literarischen Text zusammenfassen
Phase 2 Erarbeitung I	20	Auftritt V,6 gliedern und zusammenfassen (→ UAB 13, Aufgabe 2)	Partner- oder Gruppenarbeit, anschließend Klassengespräch Eventuell ist noch einmal etwas zusätzliche Lesezeit einzuplanen.	einen literarischen Text gliedern und zusammenfassen
Phase 3 Erarbeitung II	40	Schlussauftritt bewerten und szenisch umsetzen (→ UAB 13, Aufgabe 3)	Gruppenarbeit und Klassengespräch, anschließend szenisches Spiel Bevor die Schüler das szenische Spiel proben und vorführen, sollten die unterschiedlichen Deutungsmöglichkeiten besprochen werden.	einen literarischen Text deuten und szenisch umsetzen
Phase 4 Sicherung II / Transfer	20	Besprechung der HA: Auswertung von Schillers Brief vom 22. Januar 1802 an Goethe (→ HAB 12, Aufgabe 1)	Unterrichtsgespräch mit Diskussion Die Besprechung von Schillers kritischer Bewertung sollte in eine Bewertung der *Iphigenie* durch die Schüler münden, z. B.: Welche Aspekte von Schillers Bewertung teilen Sie? Welche weiteren Aspekte sind für Sie wichtig? Natürlich sollten die Schüler ihre Standpunkte begründen. (zu den Lösungen von HAB 12, Aufgabe 1 vgl. ◎)	einen Sachtext inhaltlich erschließen, sich sach- und adressatenbezogen austauschen, begründet Stellung beziehen
Phase 5	2	ggf. Hinweise zur Bearbeitung von HAB 13		

UAB 13

1. Fassen Sie den Inhalt der Auftritte V,4 und V,5 kurz zusammen.

Auftritt V,4: ____

____

____

____

Auftritt V,5: ____

____

____

____

2. Gliedern Sie den letzten Auftritt des fünften Aufzugs in sechs Abschnitte. Fassen Sie jeweils den Inhalt knapp zusammen und begründen Sie Ihre Einteilung.

Abschnitte	Inhalt (zusammengefasst)
V. 2027 – V. 2031	
V. 2032 – V. ____	
V. ____ – V. ____	
V. ____ – V. ____	
V. ____ – V. ____	
V. ____ – V. 2174	

3. Diskutieren Sie, wie Sie als Regisseure den Abschied inszenieren könnten. Reicht Thoas Iphigenie tatsächlich zum „Pfand der alten Freundschaft [s]eine Rechte"? Wenn ja, wie? Beschreiben und begründen Sie kurz Ihre Inszenierungsidee.

____

____

____

____

____

Setzen Sie anschließend Ihre Inszenierungsidee in einem freien szenischen Spiel um.

<table>
<tr><th>Unterrichts-phasen</th><th>Ergebnisse (Erwartungen)</th></tr>
<tr><td>Phase 1
= UAB 13,
Aufgabe 1</td><td>Auftritt V,4:
Der Auftritt zeigt, dass der Fluchtplan von den Skythen bereits entdeckt wurde. Thoas, der zum Schwert greifen will, wird von Iphigenie zurückgehalten, die zugleich Orest gesteht, dass sie den Fluchtversuch gestanden hat.

Auftritt V,5:
Der Auftritt macht deutlich, dass die Flucht angesichts der skythischen Übermacht unmöglich geworden ist. Zugleich unterbreitet Thoas ein Gesprächsangebot (vgl. „Keiner/Beschädige den Feind, solang wir reden.“, V. 2022 f.).</td></tr>
<tr><td>Phase 2
= UAB 13,
Aufgabe 2</td><td>Lösungsvorschlag
Man kann einzelne Gesprächsphasen sowohl zusammenziehen als auch weiter unterteilen – es käme hier jeweils auf die Begründung an.
<table>
<tr><th>Abschnitte</th><th>Inhalt (zusammengefasst)</th></tr>
<tr><td>V. 2027–
V. 2031</td><td>• Iphigenies Bitte an Thoas und Orest, sich sachlich auszutauschen
• Auftakt ohne Bezug zum folgenden Gesprächsinhalt</td></tr>
<tr><td>V. 2032–
V. 2063</td><td>Gespräch zwischen Thoas und Orest: Thoas fordert von Orest den Beweis, dass er tatsächlich aus dem Hause Agamemnons stammt. Orest zeigt darauf das Schwert seines Vaters und bittet Thoas, über einen Zweikampf den Streit entscheiden zu dürfen. Thoas willigt nicht nur ein, sondern will diesen Kampf sogar persönlich führen.</td></tr>
<tr><td>V. 2064–
V. 2094</td><td>Iphigenies Schlichtung: Iphigenie benennt, woran sie Orest erkannt hat.</td></tr>
<tr><td>V. 2095–
V. 2134</td><td>Zweiter Streitpunkt zwischen Thoas und Orest: Thoas wirft Orest vor, das Bild der Göttin rauben zu wollen. Diesen Einwand entkräftet Orest, indem er erklärt, den Spruch Apolls falsch gedeutet zu haben: Er soll Iphigenie nach Hause bringen.</td></tr>
<tr><td>V. 2135–
V. 2151</td><td>• Bitte um Heimkehr sowohl von Orest als auch von Iphigenie
• erste Gewährung durch Thoas: „So geht!“ (V. 2151)</td></tr>
<tr><td>V. 2151–
V. 2174</td><td>• Iphigenies Versöhnungsbitte
• zweite Gewährung durch Thoas: „Lebt wohl!“ (V. 2174)</td></tr>
</table></td></tr>
<tr><td>Phase 3
= UAB 13,
Aufgabe 3</td><td>Wesentlich ist hier die Erkenntnis, dass letztlich offen bleibt, mit welchem Grad an innerer Überzeugung und Zufriedenheit Thoas Iphigenie ziehen lässt. Bemerkenswert ist in jedem Fall, dass Thoas auf Iphigenies Rede sehr wortkarg reagiert und es keine Regieanweisung gibt, die bestätigt, dass Thoas Iphigenie tatsächlich die Hand reicht. Hier kommt es also auf die Begründung durch die Schüler an.</td></tr>
<tr><td>Phase 4
= HAB 12,
Aufgabe 1</td><td>Lösung von HAB 12, Aufgabe 1 →</td></tr>
</table>

1. Lesen Sie vorbereitend auf die nächste Stunde die folgende Theaterkritik.

Stefan Brams: Gefeierte Premiere für „Iphigenie auf Tauris“ in Bielefeld

Bielefeld. – Saisonstart für das Bielefelder Theater – und was für einer. Mit einer konzentrierten, ganz auf die Sprache setzenden und auf zwanghafte Aktualisierungen verzichtenden Aufführung hat Regisseur Christian Schlüter eine erstaunlich aktuelle „Iphigenie“ auf die Bühne im Theater am Alten Markt gebracht. Ein Stück, das in seiner dramatischen Kargheit fesselte – auch weil die fünf Schauspieler so unglaublich präsent waren.

Der Theaterabend fängt etwas verspätet an – die Schulklassen, Goethes Klassiker „Iphigenie auf Tauris“ ist Stoff beim Zentralabitur – müssen erst noch alle Platz finden. Würde das gut gehen, ein so handlungsarmes Stück und so viele junge Menschen? Es ging gut, denn Schlüter und das Ensemble ließen Goethes „Iphigenie auf Tauris“ zwar in einem von Jochen Schmitt täuschend echt wirkenden Tempel spielen, doch antiquiert wirkte das Stück nicht. Dafür sorgte eine Inszenierung, die Iphigenies Geschichte als Konflikt zwischen erster und dritter Welt, zwischen moderner und archaischer Kultur deutete und diesen bis hinein in die Kostüme aus dem 18. und dem 20. Jahrhundert zum Ausdruck brachte. Das fesselte selbst die Jugend.

Nicole Lippold begeisterte als Iphigenie. Hoch konzentriert, überzeugend in jeder Szene kehrte sie die ganze, tiefe innere Zerrissenheit dieser sensiblen Frau nach außen, die sich nach ihrer Heimat Griechenland sehnt, andererseits sich König Thoas (Stefan Imholz) verpflichtet fühlt. Er war es schließlich, der der von ihrem Vater zum Opfertod Bestimmten, eine Heimat gab. Doch Thoas selbst verstärkt den Konflikt; bedrängt er sie doch immer heftiger, ihn zu ehelichen. Da sie sich sträubt, erhöht er den Druck weiter, verkündet die Wiedereinführung der Menschenopfer und befiehlt der Umworbenen, zwei inhaftierte Griechen Göttin Diana zu opfern. Der Konflikt eskaliert, als sie erkennt, dass ihr Bruder Orest unter den Gefangenen ist.

Die dramatische Wiederbegegnung der beiden Geschwister gehört zu den Höhepunkten des Abends. John Wesley Zielmann gibt Orest großartig, arbeitet dessen Niedergeschlagenheit, Todessehnsucht und Verzweiflung genauso treffend heraus, wie seine Verschlagenheit und Geschäftstüchtigkeit – mit der er Thoas schließlich im Bunde mit seinem Freund Pylades (stark Georg Böhm) überlistet.

Thoas, in einer archaischen Welt zuhause, kann diesen modernen, beweglichen Typen nichts entgegensetzen. Im Gegensatz zu den modern gekleideten Orest und Pylades trägt er ein archaisch anmutendes Fell. Imholz spielt seine Beschränktheit und Unbeweglichkeit intensiv, lässt ihn aber auch bemitleidenswert erscheinen. Auch sein Diener Arkas (überzeugend Guido Wachter) kann den Niedergang nicht aufhalten.

Und Iphigenie? Sie ist hin- und hergerissen. Empfindet für beide Kulturen Liebe und Achtung, würde sie gerne miteinander versöhnen. „Ich kann nicht untersuchen, nur fühlen“, deklamiert sie und entscheidet sich für ihren Bruder, für ihre Heimat. Doch bevor sie geht, will sie noch Frieden stiften zwischen den Parteien – und kann sie überzeugen. Thoas und ihr Bruder legen die Waffen nieder. Doch Orest geht kaltlächelnd an Thoas vorbei, als dieser ihm die Hand entgegen streckt, schnürt seine Schwester wie eine kostbare Statue in Transportfolie ein und trägt sie zusammen mit Pylades fort nach Hause.

Sie, die Mittlerin der Kulturen, die „verteufelt Humane“, wie Goethe einst formulierte, die Wahrhafte, die nicht lügen, sondern die Wahrheit leben will, wird weggeschleppt, vermarktet, zur Seite geschafft. Ihre Redlichkeit hat allenfalls noch musealen Charakter. Eine Niederlage für das humanistische Ideal, das sie verkörpert. Zurück bleibt zudem ein vollkommen erschütterter König, der sich in eine Ecke des Tempels kauert. Die gewissenlose Moderne hat gesiegt, eine alte Kultur verschwindet mal wieder. Eine ergreifende Schluss-Szene einer großartigen Inszenierung, die auch das junge Publikum bannte.

Die Erstfassung der *Iphigenie* (vgl. dazu auch → UE 5, Hintergrundinformationen) wurde – mit leichter Verspätung – am 6. April 1779 von einer Laiengruppe aufgeführt (einzige Berufsschauspielerin war Corona Schröder in der Rolle der Iphigenie), Goethe selbst spielte die Rolle des Orest. In seinem Tagebuch (Eintrag vom 6. April 1779) bemerkt er dazu: „Iph. gespielt. gar gute Würckung besonders auf reine Menschen."

C. Schröter als Iphigenie und Goethe als Orest in der Uraufführung der *Iphigenie* am 6.4.1779, Stich von Friedrich Wilhelm Facius

Der Arzt Christoph Wilhelm Hufeland (1762–1836) – er war unter anderem der Arzt von Johann Wolfgang von Goethe, Friedrich Schiller und Johann Gottfried von Herder – bemerkte zur Aufführung vom 6. April 1779 über den Orest-Darsteller Goethe: „Noch nie erblickte man eine solche Vereinigung physischer und geistiger Vollkommenheit und Schönheit in einem Manne."

Die endgültige Fassung wurde am 7. Januar 1800 in Wien uraufgeführt. Eine erste Aufführung des Stücks in Weimar fand in einer nicht erhalten gebliebenen Bearbeitung Friedrich Schillers am 15. Mai 1802 statt, der bereits auf die mangelhafte Bühnenwirksamkeit der *Iphigenie* hingewiesen hatte (→ HAB 12). Die Frage nach einer wirksamen Umsetzung stellt sich dabei bis heute (vgl. etwa die Kritik von Brams → HAB 13) und hat sicher dazu beigetragen, dass das Stück nicht noch häufiger gespielt worden ist.

Goethe selbst hat sich in einem Gespräch mit Johann Peter Eckermann (vom 1. April 1827) zu den künstlerischen Anforderungen an eine Inszenierung seiner *Iphigenie* geäußert:

> „Das Stück … hat seine Schwierigkeiten. Es ist reich an innerem Leben, aber arm an äußerem. Daß aber das innere Leben hervorgekehrt werde, darin liegt's. Es ist voll der wirksamsten Mittel, die aus den mannigfaltigsten Greueln hervorwachsen, die dem Stücke zugrunde liegen. Das gedruckte Wort ist freilich nur ein matter Widerschein von dem Leben, das in mir bei der Erfindung rege war. Aber der Schauspieler muß uns zu dieser ersten Glut, die den Dichter seinem Sujet gegenüber beseelte, wieder zurückbringen. Wir wollen von der Meerluft frisch angewehte, kraftvolle Griechen und Helden sehen, von mannigfaltigen Übeln und Gefahren geängstigt und bedrängt, stark herausreden, was ihnen das Herz im Busen gebietet; aber wir wollen keine schwächlich empfindenden Schauspieler, die ihre Rollen nur so obenhin auswendig gelernt haben …
> Ich muss gestehen, es hat mir noch nie gelingen wollen, eine vollendete Aufführung meiner Iphigenie zu erleben. Das war auch die Ursache, warum ich gestern nicht hineinging. Denn ich leide entsetzlich, wenn ich mich mit diesen Gespenstern herumschlagen muß, die nicht so zur Erscheinung kommen, wie sie sollten."

Voraussetzung: Text *Gefeierte Premiere für „Iphigenie auf Tauris" in Bielefeld* ist gelesen worden

benötigte Materialien: –

Unterrichts-phasen	Zeit	Inhalte	didaktisch-methodische Hinweise	Kompetenzen
Phase 1 Sicherung	5	Bewertung der Inszenierung durch den Rezensenten zusammenfassen (→ UAB 14, Aufgabe 1)	Unterrichtsgespräch Ein Schüler gibt eine Zusammenfassung, die dann von den anderen Schülern ggf. ergänzt wird.	einen Sachtext inhaltlich erschließen und zusammenfassen
Phase 2 Erarbeitung I	20	Aspekte der Textsorte Theaterrezension erarbeiten (Inhalt und Aufbau) (→ UAB 14, Aufgabe 2)	Gruppenarbeit, anschließend Unterrichtsgespräch Im Vordergrund sollten die allgemeinen Merkmale der Textsorte stehen, d. h., dass auch weitere, in diesem Beispiel nicht realisierte Merkmale Berücksichtigung finden können.	aus einem Sachtext Merkmale einer Textsorte ableiten
Phase 3 Erarbeitung II	15	Begriff des „Regietheaters" erfassen, sich über Erwartungen an eine Theateraufführung austauschen (→ UAB 14, Aufgabe 3)	Unterrichtsgespräch Die Diskussion über die Erwartungen an eine Inszenierung kann frei verlaufen (idealerweise natürlich mit der Aussicht, tatsächlich eine Aufführung zu besuchen). Wichtig ist, dass die Schüler ihre Meinung begründen.	sich sachbezogen austauschen, seine Meinung begründen
Phase 4 Erarbeitung III / Transfer	45	Erarbeitung und Bewertung der Regie-Ideen im Einzelnen (→ UAB 14, Aufgabe 4)	Unterrichtsgespräch Zentral ist hier der Bezug auf *Iphigenie auf Tauris*, d. h., dass die Aufgabe vor allem Anlass sein will, noch einmal genau auf den Text zu sehen und sich darüber deutend (wertend) und gut begründend auszutauschen.	einen Sachtext inhaltlich erschließen, einen literarischen Text bewerten
Phase 5	5	ggf. Hinweise zur Bearbeitung von HAB 14	zu HAB 14 → ◎	

1. Fassen Sie mündlich zusammen, wie Stefan Brams die Bielefelder Inszenierung von *Iphigenie auf Tauris* bewertet.

2. Lesen Sie ggf. noch einmal die Theaterrezension *Gefeierte Premiere für „Iphigenie auf Tauris" in Bielefeld* und leiten Sie von diesem Beispiel ab,

a) welche Informationen eine Kritik (Rezension) eines Theaterstücks enthält (bzw. enthalten sollte).

____

____

____

____

b) wie eine Theaterrezension aufgebaut sein kann.

____

____

____

____

3. Ordnen Sie die Schlüter-Inszenierung zwischen Regietheater und Werktreue ein. Diskutieren Sie, was Sie bei einem Theaterbesuch von einer Inszenierung erwarten (bzw. sich wünschen).

MERKE

Mit dem Begriff **„Regietheater"** bezeichnet man Inszenierungen, für die ein freier Umgang mit der Vorlage charakteristisch ist. Oft wird das Ausgangsstück (stark) gekürzt, in jedem Fall aktualisiert bzw. modernisiert und künstlerisch ausgestaltet. Der Begriff wird dabei manchmal abwertend gebraucht.
Der Gegensatz zu „Regietheater" ist „Werktreue", also eine Inszenierung, die sich eng an der Vorlage orientiert (auch in der Ausstattung) und vor allem darauf zielt, die Intention des Stücks bzw. des Autors auf der Bühne darzustellen.

4. Stellen Sie die Inszenierungsideen von Christian Schlüter in seiner Bielefelder Iphigenie-Inszenierung stichwortartig im Einzelnen dar. Diskutieren Sie anschließend jede Idee. Beziehen Sie sich in der Diskussion auf den Text von *Iphigenie auf Tauris*.

Inszenierungsideen

Unterrichts-phasen	Ergebnisse (Erwartungen)
Phase 1 = UAB 14, Aufgabe 1	Stefan Brams bewertet die Inszenierung äußerst positiv (vgl. „großartige Inszenierung, die auch das junge Publikum bannte“, Z. 84 f.). Dabei hebt er besonders die „konzentrierte, ganz auf die Sprache setzende und auf zwanghafte Aktualisierungen verzichtende Aufführung“ (Z. 2 ff.) hervor.
Phase 2 = UAB 14, Aufgabe 2	**Tafelanschrieb** Wichtige inhaltliche Merkmale: • Ort und Datum der Aufführung, Benennung des Theaters bzw. der Schauspielgruppe • Art (z. B. Komödie, bürgerliches Trauerspiel) und Titel des Stücks • kurzer Handlungsüberblick, Hauptziele des Stücks • Name des Regisseurs, wichtiger Mitwirkender sowie Nennung der Darsteller und ihrer Rollennamen • Hinweise auf Ausstattung (Bühnenbild, Kostüme) und Technik • zentrale Regie-Ideen • Reaktionen des Publikums • begründete Bewertung der Inszenierung Aufbau: • Einstieg mit einem prägnanten Zitat, einer wichtigen Regie-Idee, einer zentralen Szene o. Ä. • informierender Teil zur Aufführung (Beantwortung der W-Fragen) • kurze Inhaltsangabe • begründete Bewertung der Inszenierung (Regie, Schauspieler, Ausstattung) • Fazit, abschließende Bewertung
Phase 3 = UAB 14, Aufgabe 3	Die Schlüter-Inszenierung ist – nach den Angaben der Rezension – zwar an einigen Stellen modernisiert, neigt aber wohl stärker dem Werktreue-Konzept zu, insbesondere sei nicht „zwanghaft“ (Z. 3 f.) aktualisiert worden (man beachte allerdings, dass das Ende des Schauspiels als „Niederlage für das humanistische Ideal“ (Z. 78 f.), das Iphigenie verkörpert, umgesetzt und damit deutlich in das Stück eingegriffen wurde, vgl. Lösungshinweise zu UAB 14, Aufgabe 4).
Phase 4 = UAB 14, Aufgabe 4	Folgende Inszenierungsideen sollten erfasst und dann diskutiert werden: • Iphigenies Geschichte als Konflikt zwischen erster und dritter Welt • Kostüme aus dem 18. und dem 20. Jahrhundert • Orests Verschlagenheit und Geschäftstüchtigkeit • Orest und Pylades sind modern gekleidet, Thoas trägt ein „archaisch anmutendes“ Fell (Z. 54 f.) • Orest verweigert die Versöhnungsgeste von Thoas • Iphigenie wird wie eine Statue in Transportfolie eingewickelt und weggetragen • Ende als „Niederlage für das humanistische Ideal“ (Z. 78 f.), das Iphigenie verkörpert • erweitertes Ende: Thoas wird gezeigt, als „ein vollkommen erschütterter König, der sich in eine Ecke des Tempels kauert“ (Z. 80 f.)

1. Recherchieren Sie im Internet nach aktuellen Inszenierungen von *Iphigenie auf Tauris*. Konzentrieren Sie sich zunächst auf die Region, aus der Sie stammen, und weiten Sie Ihre Suche dann ggf. aus (auf ganz Deutschland und dann die deutschsprachigen Länder). Füllen Sie – anhand von Rezensionen oder Eigenangaben der jeweiligen Bühnen – die folgende Tabelle aus.

	Ort, Theater, Regie	wesentliche Merkmale der Inszenierung, Bewertung durch Kritiker
1		
2		
3		

2. Halten Sie schriftlich fest, welche der von Ihnen recherchierten Inszenierungen Sie am liebsten besuchen würden. Begründen Sie Ihre Meinung.

Für die Erarbeitung von *Iphigenie auf Tauris* sind 14 Unterrichtseinheiten recht großzügig bemessen. Die hier vorgelegten Erarbeitungsvorschläge lassen so auch Raum für Vertiefungen bzw. weitere Lektüren (in Auszügen).

Zweierlei bietet sich besonders an:
Zum einen könnte die *Iphigenie* mit Johann Wolfgang von Goethes *Götz von Berlichingen* (1773) verglichen werden. Dies bietet sich für die Einstiegsszene der *Iphigenie* an (→ ◎ Arbeitsblatt 1 sowie UE 1, Hintergrundinformationen), um so zunächst allgemein die Differenz zur Epoche des Sturm und Drang zu verdeutlichen. Ein genauerer Blick auf den *Götz* könnte dann im Zusammenhang mit der Beschäftigung mit Sprache (→ UE 6) und mit der Konzeption des Dramas (→ UE 7) erfolgen.
Zum anderen könnte die *Iphigenie* mit Bertolt Brechts *Der gute Mensch von Sezuan* (Uraufführung 1943) verglichen werden. Auch hier stünde zunächst wieder die unterschiedliche Dramenkonzeption im Vordergrund. Der im Arbeitsblatt 2 (→ ◎) gewählte Auszug erlaubt darüber hinaus aber auch einen Blick auf das Götterbild Iphigenies (→ UE 10). Ein Vergleich mit Brechts *Der gute Mensch von Sezuan* ist jedoch auch noch aus einem anderen Grund heraus lohnend, reiht sich doch die *Iphigenie* motivgeschichtlich in die Dramen vom guten Menschen ein. Hier wäre denn auch noch ein Blick auf Gotthold Ephraim Lessings Schauspiel *Nathan der Weise* (1779, uraufgeführt 1783) lohnend: Besonders anbieten würde sich hierbei die Analyse der Schlussszene V,8, in der sich herausstellt, dass die vom Juden Nathan erzogene Recha und der christliche Tempelherr nicht nur Geschwister, sondern auch die Kinder von Saladins Bruder Assad sind, wodurch die enge Verwandtschaft der jüdischen, christlichen und muslimischen Religionsfamilie noch einmal verdeutlicht wird, sodass das Stück seinen harmonischen Ausgang nehmen kann (vgl. „Unter stummer Wiederholung allseitiger Umarmungen fällt der Vorhang.", eine deutliche nonverbale Geste, die in Goethes *Iphigenie* am Ende gerade fehlt).
Die Handlung aller Stücke, in die zusätzlich hineingelesen wird, könnte dabei als Referat erarbeitet und vorgestellt werden (auch von zwei Schülern zusammen).

Der Ideenpool bietet darüber hinaus zwei weitere Arbeitsblätter, die vor dem Hintergrund der Kenntnis des ganzen Stücks zur Deutung der Iphigenie führen:
Arbeitsblatt 3 (→ ◎) enthält eine ausführliche Inhaltsangabe des Stücks *Iphigenie bei den Taurern* von Euripides und kann genutzt werden, um zu vergleichen, welche Elemente der antiken Tragödie Goethe für sein Schauspiel übernommen hat, welche dagegen nicht und weshalb (wohl).
Arbeitsblatt 4 (→ ◎) enthält einen Auszug aus Friedrich Schillers Schrift *Über das Erhabene*, über dessen Auswertung nicht nur ein direkter Bezug zur *Iphigenie* hergestellt werden kann (Aufgaben einer moralischen Kultur), sondern der auch den Epochenkontext weiter zu erhellen vermag.

Hinweis: Die Arbeitsblätter finden Sie nur auf der beiliegenden CD-ROM.

Die aufgeführten Titel bieten sich zur vertiefenden Erarbeitung (ggf. auch für Referate) an.

I) Über Johann Wolfgang von Goethe

- Boerner, Peter: Johann Wolfgang von Goethe. Reinbek bei Hamburg: Rowohlt 1999.
- Borchmeyer: Goethe. Der Zeitbürger. München, Wien: Hanser 1999.
- Boyle, Nicholas: Goethe. Der Dichter in seiner Zeit. München: C. H. Beck 1998.
- Conrady, Karl Otto: Goethe. Leben und Werk. Königstein/Ts.: Athenäum 1982. 2 Bände.
- Jeßling, Benedikt: Johann Wolfgang Goethe. Stuttgart, Weimar: Metzler 1995.
- Mayer, Hans: Goethe. Frankfurt: Suhrkamp 1999.
- Safranski, Rüdiger: Goethe – Kunstwerk des Lebens: Biographie. München, Wien: Hanser 2013.

II) Interpretationen

- Bernhard, Rüdiger: Johann Wolfgang von Goethe: Iphigenie auf Tauris. Analyse. Interpretation. Hollfeld: Bange 2013[3].
- Hackert, Fritz: „Iphigenie auf Tauris“. In: Goethes Dramen. Neue Interpretationen. Hg. v. Walter Hinderer. Stuttgart: Reclam 1980. S. 144–168.
- Holst, Günther: Johann Wolfgang von Goethe: Iphigenie auf Tauris. Frankfurt: Diesterweg 1998[9].
- Jeßling, Benedikt: Johann Wolfgang von Goethe: Iphigenie auf Tauris. Erläuterungen und Dokumente. Stuttgart: Reclam 2010.
- Müller, Udo: Johann Wolfgang von Goethe: Iphigenie auf Tauris. Stuttgart: Klett Lernhilfen 2010.
- Rasch, Wolfdietrich: Goethes „Iphigenie auf Tauris“ als Drama der Autonomie. München: C. H. Beck 1979.
- Schulte-Sasse, Jochen: Goethes „Iphigenie auf Tauris“. In: Hansers Sozialgeschichte der deutschen Literatur vom 16. Jahrhundert bis zur Gegenwart. Hg. v. Rolf Grimminger. Bd. 3,2. München: DTV 1980. S. 494–499.

III) Weitere Materialien

- (Hörbuch) Iphigenie auf Tauris (Aufnahme Salzburg 1957). Doppel-CD. Sprecher: Maria Becker, Ewald Basler, Will Quadflieg u. a., Deutsche Grammophon 1997.
- Gluck, Christoph Willibald: Iphigenie auf Tauris: Oper in drei Aufzügen. Textbuch/Libretto. Mainz: Fürstner 1987.
- Euripides: Iphigenie bei den Taurern. Übersetzt und herausgegeben v. Paul Dräger. Stuttgart: Reclam 2012.
- Gutjahr, Ortrud: Iphigenie: Von Euripides/Goethe. Krieg und Trauma in Nicolas Stemanns Doppelinszenierung am Thalia Theater Hamburg. Würzburg: Königshausen & Neumann 2008.
- Safranski, Rüdiger: Goethe und Schiller: Geschichte einer Freundschaft. Frankfurt: Fischer 2011[2].
- www.goethezeitportal.de

Bildquellen

Feuerbach, Anselm: Iphigenie II
Nach: http://upload.wikimedia.org/wikipedia/commons/d/da/Anselm_Feuerbach_004.jpg (eingesehen am 07.03.2014)

Guérin, Pierre-Narcisse: Clytemnestre hésitant avant de frapper Agamemnon endormi
Nach: http://upload.wikimedia.org/wikipedia/commons/a/a7/G%C3%A9rin_Clytemnestre_h%C3%A9sitant_avant_de_frapper_Agamemnon_endormi_Louvre_5185.jpg?uselang=de (eingesehen am 07.03.2014)

Karte Mittelmeer
Nach: http://upload.wikimedia.org/wikipedia/commons/9/97/Black_Sea_map-de.png (eingesehen am 11.12.2013)

Stich von Friedrich Wilhelm Facius nach einem Ölgemälde von Georg Melchior Kraus: Corona Schröter als Iphigenie und Goethe als Orest in der Uraufführung von Iphigenie auf Tauris am 6. April 1779
Nach: http://upload.wikimedia.org/wikipedia/commons/0/01/CoronaSchr%C3%B6terUndGoethe.jpg (eingesehen am 07.03.2014)

Textquellen

Adorno, Theodor W.: Zum Klassizismus von Goethes „Iphigenie" (Auszug).
In: Theodor W. Adorno: Gesammelte Schriften. Herausgegeben von Rolf Tiedemann, Band 11: Noten zur Literatur. © Suhrkamp Verlag Frankfurt am Main 1974. Alle Rechte bei und vorbehalten durch Suhrkamp Verlag Berlin.

Brams, Stefan: Gefeierte Premiere für „Iphigenie auf Tauris" in Bielefeld. Neue Westfälische, Gesamtausgabe vom 17.09.2011.
Zitiert nach: http://www.nw-news.de/owl/kultur/4989179_Gefeierte_Premiere_fuer_Iphigenie_auf_Tauris_in_Bielefeld.html (eingesehen am 02.01.2014)

Brecht, Bertolt: Der gute Mensch von Sezuan.
In: Bertolt Brecht: Werke. Große kommentierte Berliner und Frankfurter Ausgabe, Band 6: Stücke 6. © Bertold-Brecht-Erben / Suhrkamp Verlag.

Euripides: Iphigenie bei den Taurern.
In: Kindlers Neues Literaturlexikon in 20 Bänden. Herausgegeben von Walter Jens. Copyright © 1988 by Kindler Verlag GmbH, München.

Goethe, Johann Wolfgang: Götz von Berlichingen. Stuttgart: Reclam 1982.

Goethe, Johann Wolfgang: Iphigenie auf Tauris. Unterschiedliche Fassungen.
In: Erläuterungen und Dokumente. Stuttgart: Reclam 1982.

Johann Wolfgang Goethe: Iphigenie auf Tauris. Von Benedikt Jeßing. Stuttgart: Reclam 2002. S. 73–76.

Goethe, Johann Wolfgang: Das Göttliche.
In: Johann Wolfgang Goethe: Sämtliche Werke. Briefe, Tagebücher und Gespräche. Vierzig Bände. Hrsg. von Hendrik Birus u. a. I. Abteilung: Sämtliche Werke Band I: Gedichte. 1756–1799. Frankfurt/Main: Deutscher Klassiker Verlag, 1987, S. 333–335.

Herder, Johann Gottfried: Briefe zur Beförderung der Humanität (= 3. Sammlung, 27. Absatz).
In: Johann Gottfried Herder: Werke in fünf Bänden, Bd. 5. Berlin/Weimar: Aufbau 1978, S. 75 f. (Rechtschreibung behutsam angepasst).

Schiller, Friedrich: Brief vom 22.01.1802 an Johann Wolfgang von Goethe.
Zitiert nach: http://www.wissen-im-netz.info/literatur/schiller/briefe/1802/180201221.htm (eingesehen am 27.12.2013)

Schiller, Friedrich: Über das Erhabene.
In: Friedrich Schiller: Schriften. Frankfurt: Insel Verlag 1966. S. 119 f.

Schiller, Friedrich: Würde der Frauen.
Zitiert nach: http://gutenberg.spiegel.de/buch/3352/226 (eingesehen am 27.12.2013)

Schwab, Gustav: Agamemnons Geschlecht und Haus.
In: Gustav Schwab: Sagen des Klassischen Altertums. II. Teil, 1. Buch.
Zitiert nach: http://www.textlog.de/41145.html (eingesehen am: 04.12.2012)

Winckelmann, Johann Joachim: Gedanken über die Nachahmung der griechischen Werke und Bildhauerkunst.
Zitiert nach: http://www.zeno.org/Philosophie/M/Winckelmann,+Johann+Joachim/Gedanken+%C3%BCber+die+Nachahmung+der+griechischen+Werke+in+der+Malerei+und+Bildhauerkunst (eingesehen am: 09.12.2012)